U0813470

上海抗战与世界反法西斯战争系列丛书

淞沪

淞沪抗战史料丛书续编 II

第十辑

上海鏖战侧影 | 宋 标 编
魔手下的上海 | 星 人 编著
东战场京沪战役的检讨 | 军事委员会军官训练团 编

上海科学技术文献出版社
Shanghai Scientific and Technological Literature Press

图书在版编目（CIP）数据

淞沪抗战史料丛书续编．Ⅱ．第十辑／宋标等编，星人编著．—上海：上海科学技术文献出版社，2017
（上海抗战与世界反法西斯战争系列丛书）
ISBN 978-7-5439-7523-1

Ⅰ．①淞…　Ⅱ．①宋…②星…　Ⅲ．①一·二八事变—史料　Ⅳ．①K264.310.6

中国版本图书馆 CIP 数据核字（2017）第 189103 号

本书由上海市哲学社会科学规划课题
上海文化发展基金资助出版

责任编辑：张　树　王倍倍　李　莺
封面设计：周　婧

丛书名：上海抗战与世界反法西斯战争系列丛书
书　名：淞沪抗战史料丛书续编Ⅱ．第十辑
宋标　军事委员会军官训练团　编　星人　编著
出版发行：上海科学技术文献出版社
地　　址：上海市长乐路 746 号
邮政编码：200040
经　　销：全国新华书店
印　　刷：常熟市人民印刷有限公司
开　　本：889×1194　1/32
印　　张：8.5
版　　次：2017 年 9 月第 1 版　2017 年 9 月第 1 次印刷
书　　号：ISBN 978-7-5439-7523-1
定　　价：75.00 元
http://www.sstlp.com

《上海抗战与世界反法西斯战争》系列丛书编委会

主　任：燕　爽

副主任：徐建刚　邢建榕　褚晓波

编委会（按姓氏笔画排序）：

王为松　邢建榕　朱鸿召　朱敏彦　余子道

张　云　吴瑞虎　洪小夏　徐有威　徐建刚

唐培吉　梅雪林　褚晓波　程绣明　燕　爽

《淞沪抗战史料》丛书续编编辑部

主　编：余子道

副主编：张　云　梅雪林

编辑部成员（按姓氏笔画排序）：

王倍倍　邓一帆　李　莺　张　云　张　树

洪小夏　徐有威　梅雪林

《上海抗战与世界反法西斯战争》系列丛书总序

徐 麟

伟大的中国抗日战争，是近代中国人民反对帝国主义侵略并且取得第一次完全胜利的民族解放战争，是开展时间最早、持续时间最长的世界反法西斯战争东方主战场。在这场历经十四年之久的抗日战争中，中国各族各界人民同仇敌忾、共赴国难，经过艰苦卓绝的浴血奋战，以巨大的民族牺牲，打败了穷凶极恶的日本法西斯侵略者,取得了辉煌的胜利。正如习近平总书记所指出的，中国抗日战争“为拯救民族危亡、实现民族独立和人民解放，为争取世界和平的伟大事业，作出了彪炳史册的贡献”。中国抗日战争是在中国共产党倡导的以国共合作为基础的抗日民族统一战线旗帜下进行和取得胜利的。以爱国主义为核心的伟大民族精神是中国抗日战争胜利的决定因素，中国共产党的中流砥柱作用是中国抗日战争胜利的根本保证，全民族抗战是中国抗日战争胜利的重要法宝。

上海抗战是中国抗日战争的重要组成部分。在中国抗日战争与世界反法西斯战争中，作为中国共产党的诞生地，上海这座具有反帝反封建光荣革命传统的英雄城市，发挥了独特的重要作用，作出了重大的历史性贡献。

20世纪三四十年代，上海这座国际性的大都市，已经成为中国与世界各国通商贸易的主要港口，成为中国经济、文化中心和政治、外交副中心。同时，上海又是当时中国最大的军港和守卫长江的大门，具有重要的军事战略地位，因而始终成为日本法西斯军国主义觊觎的一个战略要地。1931年九一八事变后，日本法西斯军国主义进而在上海挑起了一·二八事变，发动了对淞沪地区的武装侵略，驻守上海的十九路军和前来增援的第五军与上海人民奋起抵抗，给予日本侵略者以沉重一击，成为中国局部抗战历史进程中承前启后的关键性一役。九一八和一·二八时期的抗日武装斗争和民众抗日救亡运动，在世界上率先举起了反法西斯的旗帜，揭开了中国抗日战争和世界反法西斯战争的序幕。1937年七七事变后仅一个月余，日本法西斯军国主义又把侵略魔爪伸向上海，遭到中国爱国军民的顽强抵抗，形成了以上海为中心的一场气壮山河、震惊中外的八一三淞沪抗战。七七卢沟桥事变和八一三淞沪会战，标志着日本法西斯军国主义全面侵华战争的开始。在中国共产党的积极倡导和推动下，抗日民族统一战线正式形成，揭开了中国全民族全面抗战的序幕，也标志着世界反法西斯的第二次世界大战在亚洲的东方战场正式形成。在八一三淞沪抗战历时一百多天的日日夜夜，中国军队和上海人民以其鲜血和生命，筑成了一座民族自卫的血肉长城，谱写了一曲民族团结、共御外敌的壮丽史诗。上海沦陷后，上海民众在全国人民和全世界爱好和平的各国人民的声援、支持下，面对极其艰辛险恶的环境，仍然以大无畏的英雄气概，坚定不移地继续投身于全民族抗战的洪流，对日伪的法西斯统治进行不屈不挠的斗争。中国共产党始终高举抗日民族统一战线的伟大旗帜，发动民众，团结上海各界人士，从人力、物力、财力等方面支持抗日民主根据地和抗战大后方的斗争，冒着腥风血雨，迎接抗日战争的最后胜利。

两次淞沪抗战及上海民众在十四年中不间断的抗日救亡运动，构成了一幅幅上海抗战英勇悲壮的画卷，也铸就了上海在中国抗日战争和世界反法西斯战争中的重要历史地位：上海不仅是中国对日作战的一个坚强的军事战略重镇，也是中国抗日救亡运动的前期中心和中国抗战文化的发源地；不仅是支援抗战大后方和抗日民主根据地的重要基地，也是世界反战反法西斯人士和中外难民的庇护所，是世界反法西斯舆论战、情报战的东方主要阵地，又是中国联系国际反法西斯阵营的纽带和桥梁。更为重要的是，上海抗日战争凸显了其重要的历史意义：它在外敌入侵、民族危亡的关键时刻，全面地、全方位地弘扬了以爱国主义为核心的民族精神，折射了中华民族有同侵略者血战到底的气概、有在自力更生的基础上光复旧物的决心，有自立于世界民族之林的能力，上海抗日战争在中国抗日战争和世界反法西斯战争历史上树立了一座永不磨灭的丰碑。

今年是中国抗日战争暨世界反法西斯战争胜利七十周年。在中共上海市委的领导和支持下，上海学术界和理论界，经过多年的努力，联合推出了《上海抗战与世界反法西斯战争》系列丛书。这套系列丛书分为三个子系列，**一是上海抗日战争史丛书，**内中包括上海抗战史通论、一·二八淞沪抗战、八一三淞沪抗战、日军在上海的罪行与统治、上海人民抗日救亡运动、上海郊县抗日武装斗争、上海人民支援新四军与抗日根据地、抗战时期的上海经济、抗战时期的上海文化、上海抗战与国际援助等；**二是淞沪**

抗战史料丛书，选辑和汇集民国时期有关上海抗战的具有代表性的通讯、纪实、回忆录及报告文学等鲜为人知的孤本、藏本影印重版。**三是上海抗战与世界反法西斯战争研究丛书**，其中包括：资料性著作：如记忆中的淞沪抗战、淞沪抗战中文报刊资料选编、淞沪抗战档案史料选编、上海抗战历史文献选编等；专题性著作：如中国共产党与上海抗战、当代学者论淞沪抗战、国外学者论淞沪抗战、一·二八淞沪抗战画史、八一三淞沪抗战画史等；工具性著作：如上海抗战与世界反法西斯战争大事年表、上海抗战与世界反法西斯战争事件人物录等；通论性著作：在上述论著的基础上完成一部通论性著作，即上海抗战与世界反法西斯战争全史。这三个子系列丛书各有千秋、各具特色，在集结出版后，更能起到互相参照、取长补短的作用。可以说，这套系列丛书是上海学术界和理论界研究上海抗日战争和世界反法西斯战争的一项重大的学术成果，是对上海抗日战争史研究的一个重要总结和一次集中展示，也是向中国抗日战争暨世界反法西斯战争胜利七十周年献上的一份厚礼！

“疑今者，察之古；不知来者，视之往”。历史是最好的教科书。《上海抗战与世界反法西斯战争》系列丛书的出版发行，更是为了向社会提供一部能够弘扬时代正能量、培育与践行社会主义核心价值观的好教材。让我们站在新的历史起点上，进一步铭记历史、缅怀先烈、珍视和平、警示未来，为实现中华民族伟大复兴而奋斗，为促进世界的和平和发展作出我们应有的贡献。

出版说明

《淞沪抗战史料》丛书续编Ⅱ主要利用国家图书馆馆藏资源，将已见或未见的关于淞沪抗战史料以影印的形式出版，内容涵盖两次淞沪抗战，即一・二八淞沪抗战和八一三淞沪抗战，力求比较全面、翔实和生动地反映淞沪抗战的全貌。

两次淞沪抗战，是中国人民伟大的抗日民族解放战争的重要组成部分，特别是八一三淞沪抗战是在中国共产党的抗日民族统一战线政策的指引下，以国共两党的合作为中心，全国各爱国党派团体、中央和地方各系抗日军队、各界爱国民众以及海内外侨胞，在抗日御海、共赴国难的基础上发动和进行的，堪称民族自卫战争史上的伟业。它体现了中国人民血洒战场、拼死抗战的决心和民族团结精神。在抗战胜利70周年之际，阅读这些史料，重温那段中华民族优秀儿女面对强敌、誓死抗争的精神，就是最好的爱国主义教育。两次淞沪抗战展示了中华民族奋起改变自己国家命运的伟大信念，爱国主义激发出全体中国人民的巨大力量，这种信念和力量，在今天仍然弥足珍贵，令人心怀激荡。两次淞沪抗战中那些大气磅礴、气壮山河的史诗故事，均在本套丛书资料中有翔实的记录和质朴的史料作为佐证。

由于各种原因，原书中存在着印刷错误，而且有些细节也与史料不符，对书中的一些观点我们也不完全赞同，为了给读者提供最原始的抗战史料，对上述问题未做任何处理，希望读者能够给予理解。另外，本丛书第一辑、第三辑因中、西式排版的不同，为方便读者的阅读习惯，采取现在的装帧方式。

编者

2017年7月

目　录

★

上海鏖战側影

宋標 编

長官：到前綫去。士兵：可是我的護身符觀音像遺失了。

上海鏖戰側影

目次

阿比西尼亞·瑪德里·上海

美國國民二星期刊最近刊載福里明氏的上海通訊一則，名爲「阿比西尼亞·瑪德里與上海」。福氏爲美國若干家報紙及雜誌的通信員。意阿戰爭時，曾駐阿五月。西班牙戰事發生後，被派往西班牙探訪消息。在西也逗留了有近五月之譜。迨上海的中日之戰爆發後，復被派來上海工作。本文所述的便是福氏在此三次戰爭中，所聞所見的一切的比較。

福氏首述該三次戰爭的動機，他說，任何一個戰爭，都是充滿着無可宥恕的罪惡。而凡此一切罪惡之形成者，都是在這個世界上，準備着使整個地球，爆烈開來的法西斯蒂那暗影，這可怖的暗影，經了一次的流血，便加深了一層。這個暗影，便是毀滅這個世界和平的罪魁禍首。

可怖的暗影，已消滅了菲洲古國阿比西尼亞。跟着，又染紅了歐洲古國西班牙的大半幅地圖。如今，這暗影，又張牙舞爪地滾進了亞洲的古國，中國，雖然在這三個戰爭中，已使一般旁觀者，覺得是有些兒驚心動魄，但是這還不過是歐戰之後的大戰之序幕。那個可怖的暗影，受着人血的滋養，正在一天一天的膨脹着，而正也需要着更多的血，供其消化。所以在中國的戰爭之後，無疑地是會輪到着現在正在旁觀而拍手叫好的國度中去的，在這個世界上，實在的是沒有了所謂公理，更沒有所謂惻隱之。

在這三個戰爭之中，軍士與平民的死亡數，是各個逐漸增加的。阿比西尼亞之戰，歷時七個月，雙方的戰士與平民，直接間接死於砲火之下的，平均每日僅三百至三百五十人，西班牙，平均每日僅六百至七百五十人。但在上海，自開戰以來，二個月間，平均每日約在九百至一千二百人之間。若以華北的戰事，合併着計算，那麼每天雙方的死亡數，恐將超出着一千五百人之數。而在意阿之戰中，雙方戰鬥人員之死亡率，佔死亡者全數的百之七〇。在西班牙之戰爭中，兵士的死亡比，為百分之六五。在上海，制服中人之死亡比，為百分之五五。從這些數字中瞧來，任何戰爭中，平民的死亡率之重大，是殊足驚人的。而尤其是在上海的戰爭中，平民的死亡率更大。記者曾目擊上海的火車站的炸彈案，在這一大慘劇中，死亡的制服中人，僅只是警士及鐵路職員四人，此外均為平民，且婦孺多於男子。在滬杭路上的第一站，松江車站的轟炸中，於事後，記者曾加以調查，死亡者中，也並無一個兵士，這種把毫無抵抗的平民轟炸，而徒使平民的死亡率增加的「豪舉」，在阿國及西班牙，是未之前見的。

砲彈炸彈，以及其他一切轟擊用的械彈，究竟對於戰事，有怎樣的功效呢？或許軍事家們是認為十分偉大的。但是這些東西，在記者們的眼光中瞧來，簡直是一種浪費。在歐戰之中，每一百磅砲彈，炸彈之類，平均僅能殺死兵士一人，打傷兵士二人。可是在阿比西尼亞戰爭中，以雙方所耗者合計，平均每一百四十磅，僅死兵士一人，傷二人。在西班牙戰爭中平均數增加至一百七十磅。而在上海，那更超出了二百磅以上。從這些數字中瞧來，砲彈炸彈之類至少須有一個人的體重那麼的重量，才足以死傷三個兵士。所以與其說，戰爭的目的，在於領土的擴張，還不如說是在照應軍火商人，做着好買實，來得切當。

阿比西尼亞，西班牙，中國，這三國的民族性，是各有其特殊之點的。阿比西尼亞人，是素以强悍著稱的。西班亞人，是自古就浪漫而態度從容的，中國人，則任誰都知道是缺乏着團結性的。但是在外侮壓迫之中，却是不拘强悍或柔懦，都能一致的放出其人類的本能來，握緊着拳頭，與打擊者以打擊。不過西班牙人，雖在極度緊張的空氣中，雖然是在叛軍進攻瑪德里時，一般居民，還是沒有忘却坐咖啡店等閒適的生活。而在上海，則自日軍向閘北發擊其第一彈之後，雖要找一個最下等的跳舞廳，也沒有了（譯者按：今則不然矣！）上海人有一句口號，叫做「共赴國難」。愈少團結力的東西，一經團結，愈顯其堅實。中國人的民族性，或許正是合於這個條件的。

新聞記者和作戰的兵士所度的生活，是相彷的。在阿比西尼亞，意軍所苦的是惡疾的流行。駐阿的各國記者四十餘人，便有十分之八，都曾沾染着過。在西班牙，駐在瑪德里的七十餘外國新聞記者，也曾和政府軍。一樣的那麼十天八天吃不到牛油，或是二星期沒有襯衫可以替換。但是在上海，却是大不相同了。雖然二方的戰士，也儘有三天沒有糧食到嘴，或是整整的三天沒有一小時的睡眠；但是外國的駐滬記者，却仍能每天的高臥於租界上的大飯店中，吃着在紐約的第一流飯店中所吃的東西。這是記者們意料之外的舒服。

在上海的外國記者，雖然在生活上感到意外的舒適，但在消息的採訪上面，却是感受着意外的困難。在意阿戰爭時，外國的新聞記者，在次要的防區之內，尚可相當的自由觀察。在西班牙，雖然在二軍交戰時，若是外國記者不怕危險，也儘可在離最前線一百米達之間，任意參觀。但在上海戰爭中，不拘日軍或華軍方面，對於富有趣味而具有新聞價值的所在，總是不怎麼肯給與人以窺覘一下子。所能招待而給與外國記者參觀者。都是些已經整理而失却了本來面目的場面。某記者，曾很幽默地說「這種參觀，不啻是置身於好萊塢的攝影場中，就是缺少着幾個演員而已。」這話可說是十分確當。

實地採訪既不可能，於是新聞來源，便只有記錄着每天雙方發言人所報告的一些有利於己的消息而已。但是有一個特殊的探訪方法，那便是去詢問敵方的消息。例如要探訪華軍方面的消息，便得要去詢問日方的有關係者。因爲華方有何作戰的計劃，日方往往能於該計劃成立之後的三小時間知悉。而同時，日方有何預定的行動，華方也能於二小時左右探得。而因爲這些都是對方的消息，所以雙方倒都能在相當範圍之內，告知外國記者。至於雙方之何以能知敵方的消息，那便少不了現在世界各國，都相疑鬼疑神的所謂間諜。——說起了間諜，在上海，似乎是華軍方面的間諜工作，較日方爲優。這一層，雖以間諜之神奇自詡的日本海軍當局，也曾承認其自愧弗如的。不過在上海的間諜，似乎僅限於中日的二方，不像在西班牙那麽的複雜得至少有十國以上的間諜在活動着。

該通訊的結論稱，意阿之戰，西班牙之戰，以迄於上海之戰，雖然各有其不同的場面之演出，但是毀滅着現代的文明，則是一樣的。雖說世界沒有了戰爭，便沒有着進步，但是我人瞧着阿比西尼亞的毀滅，瑪德里的毀滅，以及上海租界外的市中心的毀滅。

以及人民的流離失所，我們已可見到戰爭促成進步之說，是一般軍火商人的誑語。美國的所以能那麽繁榮，便是獲力於南北戰爭之後的恬靜與和平。阿比西尼亞的菲洲文明，是給意大利的飛機大砲毀滅掉了。西班牙要恢復原來的狀態，至少須得五十年。而東方的日本現在正在努力幹着破壞中國文明的工作。一個可怖的暗影，從阿比西尼亞，滚到了西班牙，現在，又滚到了上海和中國的北部。但是我們愛好和平的美國，若是一旦被這暗影侵入時，我們又該怎麽應付呢，假使我們要保持我們太平洋西岸的和平。

十六世紀上海築城禦倭寇

張若空

我們都知道自從國民政府奠都南京以來，上海共遭日軍二次侵略；即民國二十一年的「一二八」淞滬事變，和這一次日人因虹橋飛機場挑釁而發生的「八一三」戰爭。但是查考上海的歷史，日本侵略上海，並不是最近十年來開始的政策，在三百八十年前，即發生倭賊刦掠吳淞上海事件。在卜芳濟博士著的英文「上海小史」中。記載道：『上海過去曾經過多次事變。在十四世紀及十八世紀中間，共受災禍四十次以上，其中或受風患水災，或被日本海盜入寇，此輩多年刦掠中國的海岸。』又據同治「上海縣志」歷代兵事篇載明嘉靖二二及三二年間倭賊掠吳淞上海事很詳細，現在根據地方志書及私家筆記所載，把十六世紀中葉日本海盜刦掠上海的亂事寫成這一篇新的記事。

把時光倒回過去三百八十餘年，在公元一五五三年，（明嘉靖三十二年）倭賊已縱橫海上，那時上海還沒有築城，四月十九日，賊衆在寶山登岸，分掠上海縣境，兵備副使吳某調鎮江民兵二百人及上海縣捕快三百人抗賊於賓華橋，官兵慘敗，知縣俞顯科逃走，倭寇從海口泊登北碼頭，放火刼掠縣市，大肆蹂躪。五月初四日，海賊重犯上海，從牐港出至高昌鄉與水兵接戰浦中，官方亦不利。五月初七日，倭寇一千餘人，從太平寺竹家橋至縣境內，上海市民望風駭散，海賊大肆刼掠，糧船都被焚燬，滿載出海。十二日倭寇率船三百餘艘，從海口周浦兩處大舉侵犯，鎮海衛指揮武尙文，建平縣丞宋鼇等各率兵，與賊作巷戰，武宋都殉難，賊殺傷兵民極多，放火燒燬縣署及民房，縣市半成焦土。二十七日，海賊又來，焚刦縣治西境，鎮撫吳賢戰死，從此浦東沿海二百里，常受倭寇侵擾，幾乎沒有太平的日子。六月二十七日，倭寇二百餘人，乘海船三艘，在上海天妃北宮（即今日的新開河）前，刦掠糧船，指揮黎鵬舉，鎮撫胡賢竭力抵抗，黎傷胡死，海賊焚燒擄掠，比從前幾次更來得慘酷，幸得都司韓璽奮力抗戰，監生梁家棟擒殺倭寇八十多名，賊始撤退。上海在兩個多月時期中，連遭倭寇五次的刼掠，官吏士兵們才想到無城難以屯守，於是就籌議要立時建築一座堅固的城。

明清時代，上海縣屬松江府，嘉靖三十二年，松江知府方廉，眼見上海市民橫受倭寇的慘掠，便毅然建議築城，從十月動工，到十二月便全部完工。明張鶚翼在「守城記」中寫道：

『吾邑（指上海）負海而處，實吳會之奥壤，東南之門戶，島夷泊舸而登，又其淵藪萑苻也，乃癸丑（嘉靖二十二年）之歲，整居郊野，侵軼城邑，刼火四然，士女宵遁，偏師裨將，隕首覆軍者，蓋未易悉數，當路者以非城曷衛，十月而鳩工，十二月而竣事。』

據潘恩「築城記」所載：新築的城，九月動工，十一月完成。城周圍有九里，高二丈四尺，城門分六處。城上有雉堞三千六百多個，敵樓兩座，箭臺二十所，城濠長一千五百餘丈，廣六丈，深一丈七尺，環抱城外，通接潮汐。

上海城築成後，卽由按察司僉事董邦正（字克平，山東陽信人）固守。次年正月十八日，倭寇率衆二百人，駕七舟突入吳淞直逼城下，賊首蕭顯登東門外，藏民樓伺瞰城中。董邦政以兵力薄弱，閉城固守，城新築未堅，有多處崩壞，董命神槍手在城壞處射擊，斃賊很多，賊不敢逼近，便在四郊劫掠，沒有侵入城內，至二月六日，解圍退去。

據張鶚翼「守城記」載：『甲寅孟夏，巨艦接艫，蟻睢城下，戈矛林植，彤珠星流，家乏樵蘇，卒無半菽。時維北山董君，率寡弱之衆，據十雉之城垣，毀於雨，則乘障者思鑿穴而處，矢集如蝟，則瞭陴者思負戶而逸。彼窮九攻之技，我渴六旬之守，由是醜夷褫魄，羣盜落膽，解圍遠遁。』

一五五六年（嘉靖三十五年）舊歷五月初一日，倭船五十餘艘從吳淞入寇上海，那時董僉事在蘇州剿賊，城守單弱，通判劉本學懸賞募敢死士分守城垣，晝夜巡視，賊百計攻城，終未得逞。圍攻了十七天，十八日內外援絕，倭賊在午夜窺伺西南城隅，架木梯企圖登城。這時恰巧有守城夫楊鈿見狀大喊有賊，賊驚墮地，楊鈿欲拔去木梯，失足墮城殉職。守城人聞聲都警起，飛擲磚石，賊傷退去，時城壕正張潮，溺斃六十七名，上海城得以保全，後人在城上造了一座紀念楊鈿的祠堂。

此後上海又遭遇倭寇好幾次攻擊，因爲有了城牆掩護，未被攻破。六月初七日，倭寇等爲海中飛艦所痛擊，即從黃浦遁出上海從此就不再來侵犯上海縣城了。

據同治「上海縣志」載：『上海寇患，自嘉靖三十二年賊陷南匯所據爲巢穴，而邑境始受其衝，及築城捍衞，賊不能攻，而鄉鎮皆罹其害。』

關於上海築城侮倭始末，有明張鼐著的「吳淞甲乙倭變志」（見上海掌故叢書），記述甚詳。近人吳靜山亦作有「上海築城始末」（見上海研究資料）可資參考。在「倭變志」。的卷末，有曾楚卿寫的一篇讀後感，其中有一段跋語頗足以供我們作儆戒者，附錄如下：

『夫倭散虜聚，倭狡虜疾，倭去來有候，虜驟來驟去，時去時來，兩者情形利害，故自不一。要之識全，乃可以決機審定，則不至坐困。事在爲人，人在有意耳。救時者讀是志其有會心也夫。』

在我們閘北的前線上

秋士

×

哈囉！轟炸機上的「日本先生」！你不會打中我們啊。我告訴你：即使你慣於低飛了下來，而施行着機關槍的掃射，但是，事實上，離開我們實在太遠了。在這裏，我們依舊是安然地坐着。你不看見一個中國的戰壕裏，我們正跟着中國的戰士們並肩談笑嗎？

×

轉折地行車於滿佈着鐵絲網和沙袋的烏道中，我們從愚園路折入了白利南路的華界。說也奇怪，我們却來到了一個比較公共租界的邊區更加缺少軍事空氣的地帶了。在這樣，黃包車依然流通着，而路旁的居民也漠不關心於我們這些匆遽的過客之行進。

×

天際是無邊的明潔，流雲疏落地裝點着。田裏還是一片青，農夫也未輟耕耨。眞是可珍異的和平景象啊！雖然離開這裏不遠的地方正展開着一幕大規模的屠殺，而這裏則還是擁有着那樣一個無變於常態的中夏之晝色。

我們的車子向着中山路進行，一直到豐田紗廠，也一些沒有戰爭的符號；不過可以使我們感覺到稍微奇怪的是，這裏發現了很多的旗，英國旗，美國旗，但是——不見中國旗與日本旗——迎風作聲，好像是在呼籲着：「別轟炸啊！」「別射擊啊！」

×

我們簡直丢不掉一種野餐的閑情，一直到越過了蘇州河邊的時候。這裏，我們發見了一條用沙袋構築的防禦工程，爲中國的保安隊所防守着。他們的邏卒是十分剛毅而活潑。當我們進行的車子被阻時，首先發現的是幾條横舉起來的手臂，隨着是準備好的槍枝，而終于是他們走到了車旁來；當我們的職務被證明後，他們的臉上浮現出歡迎的笑容來，說了一聲「請」，我們就又安然地駛車前行。

過了一頂橋，戰神之陰影又離開我們而去了，鄉民們依然安謐地留居着。一切的賣買也沒有停止。黃包車，脚踏車，步行者，同樣是熙熙攘攘地。人行道上還有着正在嬉玩的孩子們，而成人們也依然沒有放棄其固有之勞作。他們簡直還好像是非常享樂於這裏的更多的平靜，而一些不怕戰爭的空氣的擾盪。

×

走近利源牛奶公司，被阻於一條深沈的壕溝，祗有一頂「木橋」（就算是「橋」吧）作爲交通的要道。過此約五十碼許，祗有左面的小弄准許通行，而另一邊則被封鎖了。據說，這裏的防禦工程是在豐田紗廠的日軍尙未撤退時所築，而現在則顯然已無用了。

×

漸近通達眞茹之大道，我們遂憬然於戰爭之空氣的緊張，砲聲震盪在耳際，隆隆不息，路旁停着不少的運輸車，正準備着載運傷兵的，工作。八十八師機車隊的官長們和士兵們，方自前方調回，也停留在這裏，他們一邊喝着茶水，一邊談笑自若。

他們之中的一個對於我們這一羣來訪者致其忠告：「你們最好是不要再前進了，或者就停留在這裏，或者轉路向瀏河那邊走吧！因爲這裏離開火線祗有一里路了！」他和靄地說。

但是，當我們堅決地表示了要上前線去看一下的時候，他也就不再阻止我們了，「向這條路走去！」他依然指示了我們。

×

遵從他們的忠告，我們就在一個濃陰下的小茶館之門外丟下了我們的汽車，於是我們就步行前進了。在我們頂上，有三架日本的轟炸機正鼓翼前行，增加了我們的刺激的情緒。

那個引導着我們的士兵漠不關心地向前走着，我們也隨着行進，一些沒有被日本的鐵鳥所驚擾。

路中，那個士兵跟我們很親切地談起話來，「我們已有了很好的進展」，他說，「我們應該感謝我們後方愛國民衆所給予的熱情之供應與鼓勵。我們大家都願意跟日本人拚命，我們相信惟有抵抗的戰爭才是我們的生路……」

×

也許我們是講得太多了吧，我們頭上的日本飛機一定已經發現了我們了。（「……嘿！兩個穿西裝的朋友，由一個中國兵士伴同着，正向前面的一個村落裏走去，一定是一個好玩意！」）於是，他們忽轉直下地低飛了下來，機關槍開始響了，那嗒嗒的聲音破壞的我們之間的會談，使我們大家都俯伏了下來。但見那飛機是旋轉着又旋轉着，胡亂地發放着他們的機關槍。然而，非但一些沒有收穫，却反而顯示了他們的技巧之拙劣。我們實在也不容易是他們心目中的「好玩意」啊！

×

對於日本飛機的盤旋不已的動作，我們簡直感到憤恨了！正像一羣雛鷄，得要用心來躲避那空中的餓鷹之襲擊。於是，一個隱藏的屋檐下做了我們的避難的處所。十分鐘過了，十五分鐘過了，而那隻餓鷹還是盤旋不去，好像一定要獵取一些東西似的。我們也不管他了，同屋檐下的別些鄉民們低低地談了起來；從他們的談話裏，我知道他們大家都喜歡那些勇敢的兵士，而且大家願意盡力來給予幫助；在他們的心中，還沒有忘記一二八時所身受到的敵人的殘酷的行爲，因此，他們也希望一個痛快的復仇。

×

「沒有危險了」！那個兵士終於這樣對我們說。可是，在我們走出屋檐下的時候，那些日本飛機雖然已經離開了我們的頭上；而在並不遼遠的地方，他們正到處丟下「鐵蛋」爆炸的聲音明晰地可以聽到；而大砲也開始發動了。我們再前進了幾步，機關槍的聲音也流入耳中來了，卽使是在一個相背的風向下，那聲音是非常激越而親近。

×

那個兵士又警告着我們：「現在我們已經十分接近着最前的火線，當心些！」可是他雖然這樣說，而他自己却顯然並沒有絲毫變更他的神態，鎮靜地，自然地。

「唔！眞好！」他說，「我們是習慣於這種環境的！」

×

穿過了一排沙袋與一條戰壕，我們終於越加走近火線了——這是最接近火線的一個地方，從來沒有一個新聞記者被准許到這裏來過——在這裏，我們好像是處身在一間方形的地下室中，而環響於室外者則是連續不已的一串串爆竹之聲。

當我們問及「近況如何」的時候，有一個兵士便回答說：「此地沒有什麼動靜」。

「你們怕日本飛機丟炸彈麼」？我又問。

「他們簡直是亂丟，目標一些都不準。你看，他們的飛機是飛得多麼高啊！他們很怕我們的射擊呢」！那個兵士回答着，帶有一串可愛的微笑。

×

稍稍停留了一些時，我們便退了出來，經過了幾條轉折的鄉間的阡陌，直向××師的司令部中去。

師長不在司令部中，他們說已經親自上前線去指揮作戰了。招待着我們的是一位副官長，他向我們講了不少值得感動的說話。

「……對於日本侵略者之抗戰，我們的力量是不幸地被減損於日軍之利用着租界區域為後方。假如我們不是為了我們的政府保護外僑生命財產的命令而因此必須有一個制限的話，敵人早就可以被驅逐了。

「……我們是為了保衛國家，保衛民族而戰，惟有堅決的抵抗才能給予日本的無饜的侵略以一個有效的敎訓。

「……我們得感謝全國民衆所給予我們的支持，抗戰雖然是我們應盡的天職，而民衆的熱誠的後援則使我們更加感奮起來。」

副官長給我們展示了一張詳細的戰線的地圖，他告訴我們閘北楊樹浦之線是由八十八師担任，而楊樹浦劉河之線則由八十七師負責。

他又繼續讀下去：「唔！我們也有不少的高射砲，但是，我們不願意經常去使用他。因爲我軍所防守的地域很廣大，我們不能使高射炮的射擊無意中指示了敵機以何處爲我軍的重要區域。敵軍的情勢是不同的，他們祗有很狹小的一塊地方，而且又隣接着租界所以他們容易防衛，而我們的空軍就必須要作十分冒險的襲擊。

「……敵軍很畏懼我們的砲火，因此，他們的飛機就常來尋覓我們的砲兵陣地而企圖加以轟炸。可是，他們是從來沒有獲得效果，他們所給予我們的損失常祗是一些無關緊要的東西。世界大戰給我們不少的教訓，而我們也充分地受適當的訓練……」

在我們會談的時候，我們又聽得了日本的飛機的聲音。但是，在這裏絕沒有一個表示驚動的人；同時那副官長也好像始終要讓我們的耳朵聽取他的談話，而不讓我們分心到日本飛機的蹤跡上去，他對我們說：「很安全你們放心！」

「敵方宣傳說我們損失甚鉅，其實是絕對不確的！我們的兵士雖然非常勇敢，人人抱必死之心；但是，不必要的犧牲是從來不幹的！反之，敵人所遭受的打擊豈止我們的一倍？」

我們所看到的中國軍隊的道德精神是非常高超的，無論在戰線上或者在後防上。他們參加這守禦上海之戰爭，都自以為榮耀。——而且其中的一部分是「再度劉郎」了，五年前，一二八之役中，他們已得到過不少良好的經驗。（節譯自英文大美晚報）

我有一個在前線殺敵的兄弟

陳福愉

我有一個堂兄弟，他叫福怡。他是淞滬前線的一個戰士。今春，他從××調到上海來，說是訓練本市的警察。在七月底，他駐紮在江灣復旦大學附近——他大概兩星期到家裏來一次，所以我曉得他的行蹤。

「八一三」的前夕，他打了個電話來：「我現在調防到一個更安全的地方了！」只說了這一句，不待我詢問，電話就掛斷了。當然，我是沒有方法打電話給他的，雖然那時我很想問一問會不會開戰和他究竟在那裏。——其實，卽使能夠這樣問他，他也不會給我一個滿意的答復的。

第二天早晨，槍聲就在虹口方面響了；到下午，榮譽的全面抗戰開始了。一星期，兩星期……我們起初是陶醉在雄奇的炮聲和偉大的空戰中……慢慢地，我想到了那位在前線的兄弟了，二十天了，他終究沒有再打一個電話給我們。

我於是到傷兵醫院去尋訪，到抗敵後援會去打聽；但，僅僅知道××大隊傷亡頗衆，而他的蹤跡還是毫無端倪。我盼望他也許會回家來一次。

上星期四，一位穿着軍服的青年踏進門口來了，果然是他；那頎長的身材，堅毅瘦矍的面容，顯示他還是健强如常。只是他面頰上的鬍髭加濃了，他似乎好久沒有修面了。

我也不知道先要問他的是那一句話。

他却不讓我先開口，就爽直地說：『我這次打了五日五夜，在虬江碼頭楊樹浦一帶，我們，我的弟兄傷了十幾位，總算很好！』他是一個分隊長，統轄着一百多位弟兄哩！

『我現在調防後方了，在××廠附近，跟×國兵對壘着；×國兵可很不客氣，有時無緣無故會對着我們的防地開野槍過來，我只得對弟兄們說：「你們記着，我們已經有了一個敵人，不可再有第二個敵人了；我們應該忍耐；」弟兄們也都很聽話，大概，我們休養了幾天，又得上前線去的！』我纔明白吾前方將士作戰時精神百倍的道理，他們是有休息的時候的。而閘北一帶，我兄弟是認爲後方的。我感到興奮而又慚愧了。

『日本兵究竟兇不兇呢？』我終究忍不住開口了，趁他在喝茶的時候。

『我們隊裏的器械不十分新，弟兄們又是初次作戰，虬江碼頭一役，我們是最前線，也只傷了十分之一的實力，實在沒什麼了不得，我們的正式部隊，要比他們强得多！』他講得起勁了，接着說：『這次雙方所開的大砲眞利害，我從來沒有聽見過這樣震耳的響聲。飛機擲下的炸彈沒什麼大道理，倭鬼的擲下炸彈像標槍那樣插在爛泥上的很多，不炸也不傷人。』

『有一夜，我正想睏一忽，到濠溝裏去一看，弟兄們已先躺滿了。我想今夜沒有什麼砲聲，就回到原住的民房裏去睡。我已經把衣服脫了，正想躺下去，忽然想起還是到長官那裏去請示一下再睡，於是我重新穿上衣服，走出民房纔三四十步，轟然一聲，那所民房就被炸毀了。總算萬幸，否則多寃啊！在陣地上吃子彈還氣得過，閉着眼睛被炸死。豈非寃狂！』他不禁笑了。

忽然他看了看手錶，就立起身來說：『我要走了！』

我的嫂嫂說：『你來了一刻鐘還沒到，怎麼就走？』

『我是趁空回來一次，不能多留的！』對大家點了一下頭，又拍拍我小姪女的頭說：『隔兩天再見！』他就展開他的大步出門了。

×

怕是十二三年之前了。

那年暑期，我回到鎮海老家過夏天，母親對我說：『福怡住到我們家裏來了，你做阿哥的要敎敎他；下學期他要去考初中，你得好好替他補習。』

我的上代分四房，我的父親是大房，他的父親是四房。他一向住在寧波，我跟他是難得碰面的。那年夏天，他從寧波住到我家裏，我們倆就每天在一起讀書玩兒。他最歡喜玩的是走象棋和陸軍棋。他很聰敏，而且很有胆魄。走陸軍棋的時候，他總是冒險取攻勢。

我跟他，從那時起才有了親切的情誼。

×

我的四叔，在寧波本來有過相當的地位，在金融界也略有信望。後來因經營不利，他老人家又染上惡習，遂不能振作了。我母親怕怡弟在家受到什麼不良影響，就接來我家補習功課。後來他在寧波讀到初中畢業，我大哥就替他薦到上海一家藥材店裏學生意。他不滿意舊式商店的陋規，不到一年，就不辭而走。此後他就淪爲一個無業的游民，我們都對他表示惡感。

一天，衣衫襤褸的他到我事務所來（那時我在上海執行律務），要向我借錢。我就對他說：『你這樣下去不是個理，得設法尋一個正當職業。我不願意多給你錢，這裏只有一塊錢！』他就拿了那一塊錢，不作一聲的走了。

他露着些凶惡相，但他仍保持着他的豪爽之氣。

那是七年前的事了。

×

已經有四年多不通音問的他，突然從南昌寄來一封信給我的二哥，當前年的冬天我跟二哥在廈門中央銀行做事的時候。

他的來信很簡單，僅僅告訴我們現在他在軍隊裏服務，是準尉職；他從南昌的中央分行裏得悉我們在廈門，所以寫封信來問候問候。

那時候，我二哥因在中央銀行的地位關係跟當地的軍政長官頗有來往，××師師長×××氏適在廈門，二哥就跟他談起，×師長就慨然錄用了他。幾次信札來往之下，他就來廈門，又跟我住在一起了。

×

他是一個軍人了。『他夠資格做中國的兵士！』我同他在一起住了一個月之後，我肯定地這樣說。

他不再像從前那樣的白嫩，却是黑而健。他也不像從前那樣的能說善辯，而是個愛沉默的人了。

「我離開上海後，就進了杭州的訓練班；六個月畢業了，調到江西入伍當小兵，當了三年，就升了班長。」我們在夜裏，在那風景秀麗的鷺島上，時常作一二小時的談話，聽他講他的軍中生活。

有一天，二哥發現他所睡的床是幾塊木板拚起來的，上面也沒有被褥，僅有一條布毯子，二哥就對傭人質問起來；他跑過來對二哥說：「我不能在籐棚上睡覺，也不能有被褥；否則，將來怎樣過我的兵士生活呢？好在此間冬天也還不冷。」的確，廈門的冬季是不十分寒冷的，然而我們睡的是軟床，蓋的是棉被。二哥也無話可說了。

他每天清晨起來，看看軍事雜誌，衣服，手帕，襪，都親自洗滌，不大歡喜出門。我請他去看電影，每一星期他只肯陪我去走一次。

有時，我跟幾個同事在寓所的草地上踢足球或拍籃球，他就很高興地參加；而這，就是他跟我僅有的一點相同的趣味了。

我簡直有些怕他，不僅是敬他了。

×

進××師，他升爲少尉了。過了半年，師部裏保薦他進了中央軍校，去秋在洛陽畢業，仍回師部，那時候××師駐紮××，今春他被派來滬。

我要驕傲地說：「他是學識兼優的一個兵士。」

×

「二哥如晤：日前乘暇拜謁，未晤爲悵。「八一三」午，於關係方面得知戰端將啓，曾電告未達。時晚卽調五權路虬江碼頭，控守該地，拒敵登岸。機，砲，槍珠漫頂飛越，幸神祖相佑，膚髮未傷。最奇者莫如「八一八」之夜，其時正換回二綫休養，將就寢於民房，恐尚有事，故遲未上床，趨師長官前請示，豈料在此一瞬間，機彈正落該房，床成粉碎，地炸爲窟，量其中徑，得十三公尺，深約六公尺左右，可謂險矣。「八二四」戰於殷行鎮，奏凱而回。「八二九」晨，得××師接替，退駐×××。「八三〇」再進至××路為第二線防守。聞上峯擬將全滬××，改編二團，不日即在××從事。伯父大人之旨給。請哥代弟照顧，容後奉償，拜託拜託！

弟福怡手上。九三。

他回家時，二哥沒有見面，所以他又補述了一遍——這是他最近的音訊，已經又快十天了。

×

昨夜，家人飯後閒坐談話，我的二哥說：『我們一家人，住在租界上，整天整夜還要愁炸彈落在我們頭頂上；其實我們都是正在耗費國家的抵抗力，誰也於國家沒有多大益處，祇有怡弟是在前方作戰殺敵，為國家盡一份力的！』

×

他今年才廿八歲，比我小兩歲。

『我有一個兄弟，他在前線殺敵！』你猜我說這句話時，是驕傲，還是慚愧！

上海所沒有的上海消息

馮亦代

在當前的情況成爲猛烈的膠着，一個重大結果卽可顯在目前，而又不能確定時；上海人所酷好的戶內運動是看那些登載關於本地新聞的外報紙。新聞記者也許是在算計最後關頭，或者他所說的是完全眞實，但這並不能減少明瞭一切的上海人的衷心哂笑。

此種戶內運動底最妙質料，可以在日本報上找得：要使事態大白，讓我們在九月廿三日的大阪新聞上找一件故事，這故事論到南京各國使館的安全問題。

據九月廿日東京軍部消息，南京政府之軍事委員會決意命令中國空軍於日軍轟炸南京時，同時轟炸南京城內之英俄及其他各國之使館。

「中國轟炸各國使館之企圖，完全在於招致各國對於目前中日爭端之干涉，因戰局對於中國之不利，已有增無減矣。」

第二天，在日本空軍轟炸中國首都後，該報卽有一通信報告：

「據西人觀察者於視察被炸地點後，致上海友人之通信中論及，謂日本海軍飛機轟炸中國政府及軍事建築而不損及其他各國之使館，領事署等，其目標之準確，實爲衆人所驚服。」

「彼最深刻之影象，爲蘇聯使館位於中央黨部之旁，轟炸者能避過前項目標，而投彈於中央黨部。（註：中央黨部與蘇聯大使館間距離在半英哩以上。）」

在廿四日大阪新聞上，又有一篇莫明其妙的觀察，該報的評論中論到轟炸中國首都的一切：

「如無此種絕佳之防禦工事，南京之成爲荒圻實無疑義。惟日本空軍則勇往直前，相繼摧毀此種建築，視南京若無防禦物然。此項動作，已使吾人之空軍大顯身手於南京。」

當我們還在討論飛機的題目上，讓我們再看一看廿六日大阪新聞的報告：

「據廿四日自上海回東京之海軍宣傳部長松井報告，中國空軍已爲上海華人所痛恨，因彼輩不能忘情於中國飛機轟炸南京路上之非戰鬥人員也。」

彼復云，上海人士於聞得中國空軍來襲之警報後，卽相繼爭入地下層，以爲隱蔽。而彼等對於日本飛機則十分歡迎，高呼好，好。」

該報之其他新聞，亦可以使上海人引起興趣。

同時，大阪新聞常時刊出關於上海戰事地區底不着實的記載，有條消息甚之成爲像下面所引的了，「敵人雖竭力抵抗，然由於我方迫擊炮陣地之得力；結果於四時向某一方向退去。」

下面是九月十日滿洲日報的消息，這更能使上海人引起興味了。

「東京九日電——鑒於上海日軍之勇敢與犧牲動作，西人以現金贈予受傷之日軍。有一不知姓名之西人於昨日以現洋五十元送交大阪汽船會社轉致，而上海工部局之西人商團及日籍特別巡捕亦聯合以現銀四百四十元送交日本海軍武官室。」

日本報紙滿是刊着上海前線應用毒瓦斯的消息。因爲兩方面都有許多消息說對方應用噴嚏彈，事實上實在有種疑心，也許這些軍隊在頭上着了一點涼。總之，在雨和冷的天氣中，爲水所浸透的戰壕裏，實在不是塊好地方。

但現在，朋友，拉牢你的坐椅呀！這裏是條八月廿七日日本報上的標題：

「西人禁入租界

上海八月廿六日——鑒於西人居民回歸公共租界恢復商業之增多，日本第三艦隊司令長谷川於今晨發一通告，警告此種步驟之不妥及明示於公共租界中，和平與秩序尚未恢復之前，該處實屬十分危險。」

但要是你看完這一段，請再讀下一段：

「根據上項聲明，日本當局將使中國或西人居民無由得入公共租界區域之內。因昨日自晨至午日本海軍飛機之强烈轟炸及與陸上步隊合作之結果，已使日軍推進至揚子江上游各地，而該地方之重要據點亦均已毁滅殆盡矣。」

倘使你不曉得最末一句的意思，請不要問我，因爲我亦莫明其土地堂。

其他西人報紙中的新聞，和一般所見到的，沒有什麼大差異；但要是你沒有看過某一通信記者對於南京路炸彈事件的報告，你眞是錯過了一則好故事了　在許多事件中，他說：

「於街道中，余見一白種婦人蹲伏於南京路中，助一其他婦人生產嬰孩，而其時死亡之呼聲已自高空下投矣。路人爭相逃避，而此二婦人之痛苦，似亦僅爲此正在進行大屠殺中之一小事件也。」

在南京路慘案所生的嬰孩有做英雄或是英雌的機會，但是對於這個嬰孩的命名却有許多猜測。據溫哥華星期報九月十一的消息，在亞細亞皇后號中的上海避難者羣中，哈勞維朗夫人生了一個男孩，被命名爲米旦爾，亞細亞。在南京路上所生的孩子也許應該命名爲華懋，或是南京，或是中國空軍將士的名字。有一種法文報在上海的銷路很好，甚之很難買到。因爲這報的通信記者有下列上海情形的有趣的報道。據說在戰事初期，警察每家每戶地輪過去，告訴上海的居民戴上避毒面具。事實上，却有人害怕新聞記者的毒氣襲擊，比眞的毒氣來得利害。他的其他報告比較地對於上海 有趣味，祇要報攤上一有，他們便去買，但他們却失望於沒有發笑的機會。

海外各種報告的背景（除了日本報紙對於他們自己形成的中國情形是十二萬分準確和忠實的）能使中國人匿笑，因爲他 認爲這是在國難的時候，唯一尋求幽默的出路，雖然他們相信在現在的情勢中是不應快活的。

上海和南京的中國人是不斷在發笑，特別是日本人固執着他們喜歡中國人，而此種大砲鎗彈，是他們所選用作爲表示友情的方法。

南京方面 信要找出日本飛機願意開槍的目標，是以你要坐汽車到上海的企 告訴英國大使館。於是英國通知日本當局，而太陽會自動地和轟炸機一塊兒昇上平線的。

中國人亦深知日本會拿宣傳品來作轟炸 「轟炸」二字特別適用於某次日本飛機在南市發傳單，因爲飛機師忘掉解開繩子，於是這包紙張猛烈地投擲在南市，像炸彈一樣，打穿屋頂，將瓦飛到街上去。

在另一方面，日本的宣傳品眞多。有個中國兵士叫王雪根的證實中國兵士難得拾起這些紙張來，因爲他們不願去讀。但他却承認「有許多同志和我自己却拿牠們當草紙用……牠們實在太方便了。」

除了關於這些外國報紙的消息，以及中國人底有意識的幽默；日本報紙無意識的幽默，供給了今日遠東笑話的來源。（譯自十月卅日密勒士評論報）

淞濱之戰——一個中隊長的回述

阿元

由于李風藻同志的介紹，使我認識了一個曾在吳淞及市中心區參戰的保安第口中隊，第口口中隊的鄧家慶中隊長——他是×××警察所鄧巡官的胞弟，因爲他 從離開湖南故鄉，去過軍隊生活以後，和他的胞兄，有八年未曾見面；這一次，他由某處奉命調淞滬防守，在經過了幾次的壯烈戰役以後，他纔有機會回到後方來和我們會晤。

他穿一身短衣，打扮得像鄉人那張模樣，但是從他莊嚴的容貌上，則充分可以見到他是一個非凡的軍人啊！（因爲租界不准武裝的軍人通過，他暫改裝的。）在我們各道寒喧之後，他便開始對我侃侃地談起他這次參戰經過的事績來了。

他說：「……敵軍的作戰，無非是憑藉了武器，但是武器的威力，受了我們弟兄奔騰的血氣所壓住，也發展不出什麼威力，絲毫不值得可怕了；譬如這次吳淞戰事， 八月廿一日起，日艦更集中了七十餘艘，以排炮三百餘門，對岸上不停的猛轟，以後逐日增加；砲聲竟比機鎗聲還密，着實震聵耳膜，砲彈的下來，也好像比雨點更緊一些。照例，我的部屬是保安隊，戰鬥力終要比陸軍弱些兒的，但是弟兄們非但絕不畏怯，反而因聞到敵人的砲聲，格外的興奮和振作起來；越是敵人的砲火猛烈，他們也就越向敵人搜索前進。雖然，我們隊伍的人數又那末少。因為當敵艦初攻吳淞的二三天，只有一部份的友軍和我們協助防守，而保安隊的弟兄，也只有口中隊；不過，在防衛的力量上，却並不因此顯得薄弱。當八月廿二的一天，猛轟吳淞的敵艦，又增至近百艘了；跟着緊密的排砲的掩護，敵軍五六千，蜂擁的由敵艦，和鐵駁的上面，在砲台灣附近登陸了。防守在附近的第口中隊弟兄，因為百倍較少於敵，所以，在經過了二小時的激烈抗戰以後，就全體壯烈殉國了！那時，我駐守在吳淞鎮，本來當時是有着緊急馳援的使命；可是在同時，吳淞側面的蘊藻浜方面，也有着大批敵船在偷渡登陸了；於是我不得不奉令派了二區隊的弟兄，協助友軍向蘊藻浜的敵人反攻了，在鎮後，僅留一區隊的弟兄駐守待援。不過，蘊藻浜方面經過了四小時的肉搏戰，一部份約五六百的敵人已被殲滅，陣地也由增援部隊的友軍接了防；是役我的二區隊弟兄，生還的只有十餘個。在淞鎮後面的一區隊呢？說來好笑，因耐不住敵艦砲火的濫轟，和八九十架的敵機，像蜻蜓那麼的翺翔轟炸，索興使之分做着三小隊，向着鎮外的敵人搜索前進了；哩！原來所謂皇軍的雄師，竟都是胆小鬼子，從晨曦到下午，登陸的矮鬼，雖然愈增愈衆，但是都始終滯緩的偪促於海濱的一隅，不敢前進。偶然被發現了我軍的蹤跡，他們的哨兵便飛逃了，同時，他們的野炮，鋼炮，機槍，不論他發見你是在遠在近，不論他發見你只有一個，二個，十個。開放起來，終是幾百發，終是更緊密的幾個鐘點的掃射下去，可說完全「無的放矢」。前一次，我的一班弟兄，碰到了二百多個敵兵，我們這十幾個弟兄，就在敵軍的炮火炸彈之下，拚命向敵衝鋒殺去，不一陣，敵軍已經動搖逃竄；可是因着敵人砲火機鎗的濫轟濫掃，我們這班弟兄，終於壯烈的死的死，傷的傷了；最後只剩了一個，而這弟兄死的代價，竟換得了敵人三百個的炮彈，四五十個的炸彈。……直至晚上，敵人方才偷偷摸摸的，大隊向鎮上襲來，但是我的一中隊弟兄，只賸了四十二個，陣地也就由×師的友軍接防，而向敵包圍，猛烈襲擊了。……」

「從淞鎮換防在同濟大學附近的陣地，在廿四日又出了叉子，從早晨到中午，百餘架的敵機，盤旋吳淞轟炸，尤其在同濟大學頂上，差不多近五十架的敵機，不住的，炸彈像雨點一樣的輪流擲下，同濟大學被燬了，在後防陣地上的我的弟兄，也又被炸死了十幾個。同濟大學整個被燬，固然是可恨，可惜，但是我這十幾個弟兄的殉難，却值得的；因爲結果敵軍曾經摜了七八十顆的五百磅，和一千磅的炸彈。……」

「經過了五六天的劇烈陣地戰，敵人登陸部隊雖，有增無減，但是敵軍在陣地上無法收容的死屍，已堆積了足數四千，屍血把蘊藻浜染成了鮮紅的水色；因爲戰爭在劇烈中進行，敵人把死屍堆疊成了堡壘，企圖避死，但是結果死屍越積越高了。在這幾天中，沒有一條河渠，不是滿染血色，我們做飯也是用血水做的，飯熟了，滿是血縫和赤色，可是大家只得喫。……」

「在敵軍的死屍中，發現了數百具的女屍，據一個俘虜供：這完全是他們國內，被軍閥壓迫得勢將餓斃的貧苦農村婦女，因爲她們橫豎勢將餓斃，所以敵軍閥索興更毒辣一下心腸，強迫她們到中國來送死；在敵軍中，這種穿着軍服的女子，勤務的，作戰的有四千多。……」

「後來我又調到了市中心區，協助五權路的防衛，直戰至只賸了九個弟兄，我纔奉命調赴後方。我因爲在後方補充，所以纔能請了一天假到這裏來。」

最後，他又對我談到了他最痛惜的一個隊員，因爲他感覺到他是一個非常有爲的智識青年，不應該在抗戰伊始之時便犧牲掉。——這是一個住在滬租界馬斯南路的大學生蔣君，他曾受過嚴格的軍訓，又有豐富的政治學識，因爲憤暴日的蹂躪，便毅然於去年投在他的部下，當一個上等兵。他對他是另眼相看的，每逢餘暇，就和他討論種種問題；這一次參戰，被炮彈炸去了大腿，和破了小腹，傷勢慘重；他曾到後方醫院去探視過他一次，覺得生命危在旦夕，已無挽救的希望了。他說：「他的犧牲，不僅是失去了我最知己的同志，簡直和折了我的手足一樣的痛心！唉，爲什麼我們不同樣有光榮的戰死呢？」

鄧隊長言下，眼眶裏充溢了悲憤的熱淚，我對他表示了一下同情的痛惜，安慰了他一下；並且對他說：「我們發揮更大的抗敵力量，是在以後的日子，我們只要在以後作更大的努力，便對得住蔣同志了。」

直談到三點鐘，鄧隊長急於返防，遂相告別。

彈雨下訪問閘北

十月二十日，我軍事當局特地把抗戰二月餘的閘北，爲外報記者開放了一天。這些人，在市政府張廷榮祕書的領導之下，從上午六時出發，在日本飛機擲下的瘋狂炸彈之雨下，到那邊去看了許多地方，直到下午三時才回來。現在就他們在第二天在各外報上發表的所見錄，綜合摘譯如次。

在外行看來，空襲下的閘北，會無異于地獄，可是中　兵士住在那裏，却安之若素，他們一如常日地做着各種事情，甚至敵人的飛機在頭上向下滑翔的時候，他們也懶得去看它一眼。

有幾個兵士泰然地說：『這種事情是每天都在進行着的；你若是弄慣了，就不以爲奇了。』

在北站周圍一英里之內，日本飛機花了一下半天的功夫，擲了五十以上的炸彈；可是記者只有看見四個中國兵士受傷，一個中國兵士死去。有幾個兵士，從頭到脚濺滿着炸彈爆發時的塵土，正在有幾分討厭地用水淨洗着。

兩路管理局大樓的左翼，在十月十九日的空襲中吃了一個燒夷彈；把木工部分燒毀了一部分。門窗文具之餘類燼散滿在水泥地板上，而這地板有幾處是被炸彈穿了大洞。幷且直到二十日我們去的時候，這大樓的內部還在冒着烟，使人聞了發嗆。

大樓的外面，有若干處地方，被大口徑的砲彈打穿了牆壁，幷且把從前發着閃光的亮瓦屋頂裂碎了。其中有一砲，打在面向界路的大門那邊的牆上，在那裏留了一個長約八尺寬約四尺的窟窿。

據一個守衛北站區域的中國軍官告訴我們，十月十九日那一天，兩路管理局雖然被了一整天的炸彈，砲彈，和火，可是他們所受災害却很小，僅僅死傷了十三個弟兄。他還說：一般地，閘北所受炸彈的災害是微々其微的，特別在戰鬥員之間，雖然民房被炸毀了不少。

北火車站所受的損害是很大的。月台上的每一塊蓋屋頂的起皺紋的鐵片都掉下來了，路軌和枕木也飛散在車站的各處　僅有總候車室，還帶着許多砲彈眼子，站在那裏。至於車站外面的祥生汽車公司，則完全毀滅了。

在十月二十日的閘北之行中，我們一團人普遍地得到一個印象，就是中國人在這區域內的防禦工事是築得極端講究，極端鞏固。兩個多月以來，閘北的中國軍隊不斷受着日本海軍大炮，陸戰重砲，飛機和陸軍的攻擊，可是他們却在那裏造起了新的，更堅强的防禦工事。一個中國軍官說：『倘若日本人想衝過這「×××」，一定要費去許多時日，消耗他們許多人。』

談到閘北方面的戰事，這位軍官說日本軍隊的作戰的能力是非常之低。他說無論日本的陸軍或是海軍，都是極端懦怯，倘若沒有猛烈的掩護砲火幫忙，就不能有所作爲。至於中國軍隊，却無論在那一次戰鬬，都能以一當百。

爲解說這一點，他舉出了一個實際的例子。十月十四日，中國軍隊向虹口方面反攻。在達到目的之後，大隊後退了；有四個兵士還留在北四川路邊的一所房子裏　這個四人小組，每人身上只有一枝自動步槍，和幾個手溜彈，却抵抗了一百五十個日本水兵的連續衝擊，至四十八小時之久。最後這四人退走了；可是日本兵還是疑神疑鬼，不敢前進；直到放出獵狗，確實證明已無人影了，他們才進佔了那所房子。

除了軍隊以外，有許多非戰鬥員，也還留在閘北區域裏，在某一條街上，一個屠夫和一個飯館老闆是在做着叫賣的生意。有許多苦力，也在爲陸軍服務。此外還有許多從七歲到十五歲模樣的孩子，他們大都是些在戰爭中喪失了父母的孤兒，和兵士一同過着活，吃也吃得很胖，穿也穿得很整齊。至於幾個十二歲以上，則穿着制服，替軍隊做着服務。至於他們的工作，則是傳遞信息，做做各種小事情。

最後，在我們結束這篇行述之前我們要把最令人景仰的一位中國英雄，介紹給諸位。那就是前面曾經一度提起過的守衛北站區域的黃德美中校。他是一個爪哇的華僑，年齡二十五歲，是一個富商的兒子。九一八事件發生，他爲了捍衛祖國，特地從爪哇趕回中國，投入南京中央軍官學校。這次八一三事起，就開入閘北，一直担任着北站區域的防務。他能說得一口流利的英語；他告訴記者：爪哇華僑加入祖國軍隊裏的人很多。就在他的　師裏，就有好幾個；至於在空軍裏的也不少。（以上士平譯）

×

本月二十二日，有外國記者、及攝影記者一團，冒着險，往閘北　觀，在他們所經的一百碼距離之間，常有炸彈跌下來　炸得磚瓦狂飛，塵土亂舞，使該參觀團，不得不常求隱蔽之處以暫避。當該團　觀北站兩路管理局時，也有着不少驚心動魄的演出。該團初本最希望能抵達二軍曾鏖戰不已的寶山路，而沿着淞滬鐵路，以達於華軍××師，與日本海軍陸戰隊，相距僅數百米，而互相對壘着的八字橋。但這個計劃，是未曾實現的，因為　一天，日本空軍，正在不斷的轟炸閘北，來福槍與機關槍，互相交響着，迫擊砲常自華軍陣地中發出着。

該團雖然未能上前線去參觀，但已暢觀兩路管理局的損毀狀況，以及閘北一帶的情狀。不過在途中，因日機的肆意轟炸，所以不時時留意而趨避，此行，是承市政府的楊秘書，熱誠招待的。而若干富有趣味的所在的參觀，是由×××師的三位團長。所領導的。

最使該參觀團，感到着不平凡的，是華軍士氣之旺盛，與態度之鎮靜。雖然有時日機所擲的炸彈，離華軍駐在地，僅一二百碼，磚瓦塵土，紛如雨下，但此輩華軍，都能很巧妙地躲避着。雖然日機繼續的加以轟炸，而仍處之泰然。

消防工作，在閘北區域中，仍在照常進行着。軍士們與若干苦力，協助着閘北消防隊，撲滅着各處的火燄。昨日，日機曾在閘北投彈，在車站之西，發生着若干處火患。其中若干處，都很敏捷地被撲滅着。但有一處，是三顆炸彈，同時下墮的。其時，是午後一時四十分。而至二時，又被投下炸彈三顆。於是其火燄，便很迅速地毀滅了若干房屋。最後，更延燒到了河濱的一個木行。在下午的時光，多處起火，迄晚猶在烈燄焚燒中。

駐守閘北的×××師，現在究竟共有多少人，這是極難加以估計的。但有一事，是可以確定的，那便是休想把閘北的駐軍，壓迫得使之退出，當戰事初發生時，在虬江路或沿淞滬鐵路各處，日軍猶有利用坦克車，以突破華軍防線的可能。但在目前已是不可能的了。

第×××師，駐守閘北，已將十星期而或將永遠的駐守着而不退。雖然在各要道口，均已斷絕交通，但華軍前哨，却已前進而抵達北四川路、沿虬江路，而在靶子路之北已抵達了百老大戲院。（以上仲某譯）

戰雲彌漫中的黃浦江巡禮

茄　淚

從外灘到吳淞這一段的黃浦江，在滬戰未爆發之前，可以說是世界上最忙碌的航綫之一，但是現在它是死了。

往來如織的舢舨，小划子，帆船和小輪船，已經是渺無蹤影了，掛着各國國旗環遊世界的大郵船，和大小各式的貨船，也難得看到了。反之，到處所看見的，只是獰猙可怕的灰色日本戰艦。

現在，要是偶然有一艘小輪船，出現在江面鼓浪前進。那一定是掛着一面第三國國旗的，如果在九個星期前，上海人對之，沒有一個會注意牠，但在今日，誰都要用奇怪的眼光去注視了，因爲它是在江面移動唯一的船啊。

沿浦江的兩岸，是上海工業的中心點，在從前，不時會從許多工廠的烟囱內，吐出一股令人討厭和有害健康的黑烟，但在目前，已不過是一列被焚燬和轟炸的破瓦頹垣，無或空人跡的磚泥建築物而已。

現在，到處是冷落靜寂。忙碌和擁擠的景象，已經是看不見了 昨天，楊樹浦的日本郵船會社碼頭，靠着一艘皆籐丸，在卸下軍需品。再過去一百碼的大坂碼頭，有神佑丸也在卸軍火，在大連汽船會社碼頭，有主基丸也是在卸同樣的貨物。

在對面浦東那邊，還豎立着一面廣告版，上面寫着，有遷地契的地產二百十二畝零五厘，要出賣呢，

浦東陸家嘴一帶，現在是一堆傾毁的瓦礫場，再往下游去，可以看見以前的日本郵船會社和招商局的大批貨棧和碼頭。現在已剩着殘破的骨架而已。招商局東棧，昨天還有餘燼在燒着，這是星期日夜間大火的結果，幾百萬的財產，在冲天火燄中熄滅了。

到了周家嘴距上海電力公司的電廠不遠的天空中，佈滿着在打圈子的日本戰鬥機。這些飛機，從它們的根據地——滬江大學南首新築的飛機場飛出飛入。

昨天的天氣，是個飛行的理想日子，機場上，不斷地響着引擎的轟聲。雙葉轟炸機

和小驅逐機，川流不息地從機場飛出，隔了四五十分鐘，就再飛回裝滿致命的蛋了。有一架巨型的水陸機——雙引擎的單葉機，悠然地馳靠近一艘日本的驅逐艦的旁邊去了。

這才奇怪呢，在這裏戰時行動最忙碌的區域，竟然也就是從前給上海無數工廠的中心點。因爲這裏，有上海電力公司和上海自來火公司，在這非常局面之下仍然在執行它們的經常使命。在對岸有美孚，德士古，和亞細亞三大火油公司的油棧，有幾艘小輪船泊在那裏，在裝載汽油，備上海八的消耗。和那些暗灰色的，像煞有介事的日本軍艦顯然相對照的，是二艘簇新的美國驅逐艦，泊在美孚油棧旁邊。

美國在那方面的軍力，不止是這些。上海電力公司的電廠，也有美國的水兵駐紮着。據說，那邊有兵士四十名和軍官二名，至少，在戰事未停止以前，他們是不輕易離開的。

在沿楊樹浦江岸的許多停閉工廠，可以看見川流不息長蛇般的日本軍用貨車，載着汽油和軍火到飛機場去。此外，還有許多鐵甲車和載着軍官的汽車，在馬路上馳騁着。

沿楊樹浦路上，有一輛發出咋咋聲，帶着附座的機器脚踏車，載着二名穿藍色制服的工部局外籍警官——這就是從前巡邏該處的警員暗淡的影子了。（譯自大陸報）

虹口餘生記

梅生

上海自戰事爆發之後虹口及楊樹浦一帶，遂與外界消息，完全隔絕。所以要得該禁區中的消息，比了要得別一個星球中的消息。有着同樣的困難。但是昨天記者却得了一個意外的收獲。

八一三的前一日，記者自東熙華德路，挈眷避居滬西，至翌日上午，同居的陳君，也突然挈眷來就。

陳君本在一家日本船公司中供職的，已有十一年的歷史。說得一口純熟的日本話，所以於八月的下旬，謀得了敵軍海陸二方簽證的二面頭照會，許與在兆豐路以東的地區之內，逗留三日。當時，陳君便邀着二個熟識的日本浪人，陪着同往東熙華德路寓所去，相機的搬取存在戰區中的傢具雜物。

在一個十分炎熱的清晨，那時是八月快將過完了，陳君懷着一紙常人所不易覓得的通行證，與匆匆的由二個浪人，陪着繞道而往虹口。約定着第三天下午準回來。可是很快地過了三天，音信杳然。一星期過去了，還沒有回來，而前線的戰事，每天是那麼的緊張。從虹口中，所傳出的消息，總是居民被敵寇的大量屠殺。於是他的眷屬，以及和他相識的，無不意識着他必已遭慘不幸了。

至本月初旬，經多方探詢，尙是一些沒有好消息。而他的夫人，又憂急成病。把屋子退租了，囘了浙東原籍去。可是在本月二十五日的深晚，陳君却突然地回來了。雖然面目黎黑，本來是不肥不瘦的身材，現已變成骨瘦如柴，可是他的生命，經了這麼五十餘天的磨折，總算還是無恙。無論識與不識，無不爲之慶幸不已。

敵對便衣隊之恐慌

據陳君稱：於八月末，進入戰區之後的翌日，便失去自由。雖有海陸空軍所簽證之護身符，亦不足以作護身之用。隨身所攜法幣六十餘元，和那紙護身符，在被解往大連灣路，某特務機關時，便被沒收。經略詢幾句口供之後，便被指爲便衣隊。嗣經一相識之浪人，代爲說項，始未被判處死刑而被拘禁在一批待決的難民之中。過了二天，經原來陪同前往的二個浪人，代爲設法，始得出獄，但以給日方服務，爲交換條件的。

自被釋出之後，因爲陳君精諳日語，於是便被任爲舌人。最初，服務於若干浪人機關中。後輾轉遷調海軍陸戰隊，及陸軍的各機關，竟頗得各方的優待。在海軍陸戰隊中服務時，日得日幣一元的酬報。在陸軍中，竟日得一元半，但所給者，均爲日幣，所以在事實上，也不啻是一宗廢紙。

據陳君稱，在虹口區中，殺戮之慘，眞令人有些不忍卒睹。而日軍的屠戮我國平民，其動機，實也是懼怕我們的便衣隊。在虹口區中的便衣隊，却是神出鬼沒。往往當三五敵軍，行經一地時，突然的槍彈自天外飛來，就應聲倒地一二人。事變既發，於是便在附近各里弄中，大舉搜捕，可是十次之中，便是十次的毫無所獲。於是便一半由於恐懼，一半由於憤恨，而把若干搜得而毫無佐證的難民，屠戮一陣。他們以爲發槍的便衣隊，必在其中，實則在此大羣的難民之中，是否雜有便衣隊，還是一個疑問。

隨軍僧侶超度亡魂

敵人迷信之深，殊爲可笑。敵艦駛滬時，常有隨軍帶來着幾個僧侶，爲陣亡軍士，唪經超度的。日人的唪經，最少以六人爲一組。據說，在戰前，上海共有僧侶四十餘人，戰事發生後，這原來的僧侶四十餘人，不敷支配，所以除不絕索討救兵之外，索討僧侶，也是軍隊中的急務之一。

每六人一組的唪經，而超度亡魂，須三日始能畢事。所以現在全滬雖有日本僧侶近百人，還是顯着十分忙碌。因此饉僧侶，除超度亡魂之外，同時，還得給軍士們念護身經之類。此類護身經，在軍隊中，極爲寶貴，非尉官及其以上的將士，是沒有懸帶權利的。此類護身經，並非有何特別的東西的。普通都是念在普通佛符上的。不過在普通佛符左上角，印上二顆紅印，便是有護身經五十遍，或一百遍，念在上面，而爲將士們的護身至寶的。據說有意想不到之效力。

鬼，這東西，也是敵軍所十分懼怕的。他們在虹口區中，雖然是殺人不怕血腥氣，但是他們却很憂慮這些被屠的無辜平民之陰魂不散，而向之作祟。所以日本僧侶們，於唪經超度陣亡將士之餘，也常設醮而爲死難的中國平民超度。某次，日侵滬陸軍中，曾有士兵們於深夜巡邏時，發現着倒臥道旁，口吐白沫的日人，此後此類怪事，曾屢次發生，而蘇醒過來的，都說是遇見了中國鬼。於是日軍中對於中國鬼的恐懼，更不亞於中國便衣隊。

四百個隨營妓女

敵軍中的營妓，是世界聞名的。在一二八時，在滬，也曾一度的膾炙人口。據說，這次也有些不敷分配之苦。敵軍的營妓，也是分着「徵」「募」二項的。「徵」的，是在平時，也隨軍而供士兵蹂躪的。其比例，爲五百至八百士兵，對一妓。但在戰時的，比率是四百士兵，對一妓，所以在軍隊出發之後，募集「志願妓」，也是十分忙碌。不過在事實上，往往是不能招募足額。在上海，現在共計有陸軍十萬至十四萬之間，（連死傷的包含在內），可是營妓的總數却尚不足四百人。（據說在華北的營妓更少。）所以日本每至一地，便不免於蹂躪當地的婦女，而顧不得所謂皇軍的體面了。

在日本，營妓的年齡，普通都在三十至四十之間，很少有在三十歲以下的，因為妓女之隨營的，普通都是市間年老色衰，無人領教的妓女，才去應徵。或被鴇母送給軍隊中，而榨取其最後的一滴血肉代價的。在營妓之中，雖然都是些半老的徐娘，但是據說，還是分着二個等級。日妓，是算第一等，待遇較優，每天接客以十次為限。一等兵以上的，才許問鼎。鮮妓及東北籍的營妓，為第二等。供普通士兵，及鮮籍士兵洩慾之用，東北籍軍，不許嫖妓的，但蹂躪當地婦女，却也不加禁止。

第一流營妓，每星期經醫師檢查二次。第二流的，每星期檢查一次。若是發現着相當程度的花柳病毒，得有相當的休息。在駐滬的營妓之中，在休息期當中的，平均常在百分之二十左右。

敵軍最愛我國法幣

現在的虹口區中，雖已成爲敵軍的世界，但是有一個現象，却是十分耐人尋趣的，那是一切買賣，均用我國的法幣。雖然是日人與日人交易，也都拒收着日幣。在虹口區中，規定日幣一元，合華幣八角半，但若任何人，强要以日幣一元，購取七角半的貨物，店主却可招憲兵來干涉的。其理何在，陳君也不能道其究竟。有些日本奸商，以我國法幣，私行收購日幣的比率，爲日幣一元，購中國法幣四角。但已有二人，因事發而一被槍斃，一被押解回國。不過在事實上，我虹口區中，法幣之缺乏，可說已到了極點了。

當戰事初發生時，虹口區中，尙有不少華人，開設的店鋪半開門而營業着，尤以烟兌店的營業爲最佳。香烟火柴等售價，高至七八倍，酒類，也營業鼎盛。其他一切，無不顯着特殊的發達。但後因存貨售空，無法應市，於是只得閉門歇業，而待機逃亡。但這却引起了敵軍的憤怒，指為搗亂市面，捕獲無算。結果，用貨物換得的法幣，遂盡入了皇軍的囊橐。

敵軍在戰事初爆發時，猶多以錢易物的。嗣因有了錢，無處可得所需之物，於是在楊樹浦及虹口一帶，各貨棧間，恣意刦掠。首遭其殃的，為各香煙公司，及糖果，餅乾廠，汽水廠，釀造廠，不論華籍或外籍的，一視同仁的加以刼掠，但近則存貨已被刦掠盡淨，所以在虹口區中，頗有以日幣一元換取香煙二十支，而無從獲得之苦。

焚屍場和虎列拉

虹口區中的死人，隨路皆是，正如平時的垃圾相仿。所以現在留居在虹區中的難民，惟一的工作，便是被日人壓迫着移尸，及清除街道。在提籃橋，以迄楊樹浦一帶，現在共有日軍臨時所建的焚尸場十一所。最大的，每日可焚尸二百具，最小的，每日焚尸五十具，所需燃料，均爲被毀的房屋中，所檢出的木材。焚燒時臭氣四溢，眞的中人欲嘔。而此十一所的焚尸場中，所焚的尸體，有時，尙不及焚除虹口區中，及前線運回的屍體。

這些焚尸場的建築，還是一個半月以來之事。所以在戰事初爆發時，虹口區中，尸體之多，更十倍於今日之所見。據說，在楊樹浦某地的一片曠地上曾堆疊尸體三千立方米突之多。這雖未經陳君之所目睹，但據說，這是並非不可能的。因爲尸體隨處皆是，所以虹口區中的蒼蠅，肥大而衆多，眞使人有些不敢致信。就是到了晚間，也是未有靜止的。

疫癘之盛行，在虹口區中，也使人談虎色變，據說，在傷兵醫院中，有一個時期，患虎疫的，竟居傷兵的一倍半。現已情形略見進步，但患者仍多，痢疾，傷寒，天花，喉痧，腥紅熱，瘧疾各種疾病，無不極度的猖獗。常有在街口駐守的士兵，突然的倒地身死了。留居在該區中的浪人，及中國居民，也頗多不及救治而死亡的，所以敵軍當局，認爲戰事的難於發展；一部分的原因，是受着時疫的影響。

厭戰氣氛和宣傳物

據陳君說敵軍中的陸軍士兵，較之海軍陸戰隊，厭戰的心理，較爲濃厚。在海軍中，絕少有非戰傳單發現的。但在陸軍中，却常在鬧着反戰陰謀的破獲。據有些厭戰的陸軍士兵，私告陳君說，在陸軍中，第一天若有了鼓勵士卒的小冊子的散發，第二天在軍中便會有不少外觀相同的反戰小冊子發現着。從日本國內運來的讀物之中，也常有反戰的宣傳品夾寄着。這些宣傳品，怎麼會夾入經過檢查的刷印品中，而運來上海，那是任誰都不能知道的。

行李中，以及紙包的食物中，也是常會發現反戰宣傳品的。有時三五同伴，上街去散步一次，或是到某處去公幹一下回來時，在各人的衣袋之間，也會發現着反戰的傳單。在虹口區中，陳君也曾目睹着不少反戰或鼓動叛背的標語，發現於牆壁或電桿木上。

有的，是用粉筆寫的。有的，用白紙寫的。也有是用紅字或黑字，印在彩色紙上的。

雖然那些陸軍士卒，在表面上，都表示着為國家戰爭的精神，但偶與談及背井離鄉的說話，便無不有些兒垂頭喪氣。而更其是自前線調防回來的士兵，說起了中國軍，都在說話之間，表示着三分驚懼的神色。雖然一般的不肯表示怯懦，但是希望戰事的早日結束，得以生還却是一致的意向。某一，十分坦白的日軍，曾私對陳君說，陸軍中的反戰空氣，的確是十分濃厚，但是所苦的，是缺乏着非戰的健全組織。否則上海的陸軍，是早已全部叛背而革命的了。

浪人的悲哀和惡運

在一二八時，上海的日本浪人，曾有偉大的演出。但是，據說這一次的戰爭，浪人們却是走着了一部惡運。虹口區中的浪人，本來有不少，是安分的僑民，在上海營着正當的營業。戰事發生之後，不拘良賤，概被領事館所徵發，而去充任着浪人。在最初幾天中，浪人們作威作福，和一二八時，並無二致。但是戰事延長到了一個月之後，在虹口區中，中國苦力的招募捕捉，日見困難，而戰事的緊張日甚，區內工事的建築，與運輸等等艱苦的工作，便光臨到了此輩浪人們的頭上來了。此輩浪人，平日大都是養尊處優慣的，一旦被壓迫着去幹這些工作，無不叫苦連天，但是在陸軍的憲兵們的鐵鞭之下，誰敢哼一個不字。

雖說浪人們的工作，都在後方，但是構築防禦工事，頗多是迫近着前線的。所以爲流彈所擊死，或擊傷的也日有所聞。而在八月末，陪同陳君往虹口的二個浪人之一，於某一晚在虹口某碼頭起卸軍火時，適遇浦東飛來一砲彈，炸去了一條腿，終因流血過多，不治而死。死後，便也投入焚尸場中焚化掉了。據說他身死之日，恰恰是他的妻子回日之後的一個月。而他在生前，也是該船公司中的職員之一，每月的薪給，是一百七十日元，還有子女六人，長子已入伍，而在華北作戰，身後頗爲蕭條。

到了最近，在虹口的浪人羣中，更起着一個重大的恐慌，那是謠傳着上海日僑之年在四十五歲以上，五十五歲以 的，（四十五歲以下的，已大半被徵入伍），最遲在十一月間，也將有一半被徵往台灣或朝鮮編入軍隊，開往前線去作戰。所以日來在虹口區中，已有故意折斷手部，或足部，使成殘廢，而逃避兵役的浪人若干起。由此，亦足覘日人對於戰爭之恐懼的一斑。

此次陳君的所以能脫險，據說，還是那二個陪他進去，而未死的一個浪人，給他設法的。因爲這個浪人，也是於十一月間將被徵入伍者之一，所以他對於他的未來的前途，也充滿着恐怖與悲哀。因此而發生着一點惻隱之心徇着陳君之請，託故而把陳君送出了危險區域。

滬江大學在回憶中

陳　季

十六日的字林西報上，有過這樣一封信：

×

字林西報主編者鑒：

在十四日的貴報第一頁上，曾有過關於滬江大學被中國便衣隊在十三日據爲附近戰事之根據地的新聞。在十五日的貴報上，復有日軍官吏對此項事實加以重視的消息。日人則謂在「尖島」上一個中立的觀察者看見中國便衣隊利用滬江大學的校舍。

因爲看到上述的記載所發生的嚴重結果，我們現在接到了兩個美國人的書面報告，那兩位都是滬江大學的教職員，皮斯（會計）和惠萊博士（社會學院主任）。這兩位都住在校內，至十三日夜九時許，始從那邊出來，他們當然較之「尖島」上的觀察者更爲明瞭校內的情形，茲將皮斯，及惠萊兩人之報告轉錄如下：

『應美領事之勸告，滬江大學內之美籍婦人及孩童均於八月十二日（星期四）離校。我們是僅有的留在校內的美國人。到了星期五，情形更爲不穩，我們决定將美國旗掛起，以示此爲美國人之財產。下午兩時，接美領事之忠告，囑卽進公共租界。但我們倆應該爲保護校舍而仍舊留在校內。

約五時起，槍砲聲突然開始。當時校內除我等兩人外，尙有華人約一百五十八。以我兩人及校內各人（內有幾位是校舍之看門員）之所見所知，絕無中國便衣隊之蹤跡，亦絕無槍聲在校舍內任何一幢房屋內射出來。一直到我們離校之前，敢確定地宣示：絕無中國軍隊之偷襲行爲在校舍內發現。

在日軍佔領校舍附近各地並向虬江碼頭方面前進後，槍聲漸見稀少，我們便决定想離開那邊。我們便打電話給美國領事，於是除了五十多個校工外，我們及華人敎職員約五十八在九點鐘的時候離楊樹浦之本校而至圓明圓路之商學院矣。途中曾過日軍防線，但無阻礙。

皮斯，惠萊（簽字）』

既然第一頁的新聞會引起日本軍事官吏之重視，且因之有擬對校舍加以毁壞之意，竊意此項更正之宣告亦應在第一頁上發表，以糾正日本軍事官吏之視聽。

滬江大學之產業爲美國浸禮會國外佈道會及南浸禮會所有，爲美國七百萬浸禮會教友所重視。苟此校被毁，當予浸禮會教友以重大之悲悼。

W・R・推勒（美國浸禮會國外佈道會，中國會計主任）

M・T・蘭金（南浸會會，遠東書記）

八月十五日

×

但是，在同一天上，根據各方面的報告，說是滬江大學被日兵炮火所毁了。

日本軍人之有意摧殘國內文化機關，其故不外乎——大學是中國愛國觀念的培植地，非加以破壞不可；故借口於「中國便衣隊在內活動」，以爲烟幕。其手段之卑鄙。居心之狠毒，實堪痛恨。

滬江大學也是我的母校，而且是我讀書時期占得最久的母校。那黃浦江畔的一大塊平坦的青草地常會湧現在我的眼簾前；而現在，一切回憶便又跳躍在我心頭了。

×

滬大是美國浸禮會所捐造的。

浸禮會是基督教各派中最開通的一派，而滬江大學可以說是教會學校中最不講究教會儀式的一個。五卅慘案以後，滬大即取消强制「做禮拜」的規定。向國民政府註册，更改董事會的編制，主管人員由國人担任（現校長為劉湛恩博士）滬大亦為最早。歷年來對於學生愛國運動，滬大當局，不論是美人握權時代或國人主持時期，均從不加以干涉，也許這就被附近的日紗廠所目睹耳聞；而也許就是造成這次「被日軍砲火所毀」的原因之一吧！

滬大向來重視社會事業，在楊樹浦一帶設立「滬東公社」，雖然略帶教會氣味，然其最大宗旨為改良滬東一帶之工人之生活；並附設有勞工夜校，民衆茶園，鄉村服務處等，以提高工人的知識；這當然足以使附近之日人所開的工廠（楊樹浦一帶，工廠林立，其中以日人所開者爲多）感到一種不舒服。——彼時日人甚至認工潮之發生乃滬大社會學院學生所煽動——這一點，或者也是此次日人有意摧毀滬大的原因了。

×

十六年春，國民軍北伐，薛岳軍來駐淞滬，校內風聲鶴唳，所有美籍教員到了夜裏，便皆離校住入租界內；當時，校邊浦江中泊有美兵艦一艘，美水兵亦曾來校內駐紮，我總還記得有過那樣的一會事：

我們是過有「黃金」般的生活，上課不上課，隨我們自由意志而定。一天由學生會知照教授：「明天我們開大會歡迎國民軍兵士來校，全校休課歡迎你們可不必來校！」

到了明天，果然有一羣湖南口音的兵士，來到思晏堂前的石階上，其中有一個便向我們環立而聽的學生，侃侃地講述「北伐的經過」，同時並演講他們堅强的信仰——「我們北伐的意義是打倒帝國主義；我們不僅是剷除國內的軍閥，統成全國統一的局面，並且要從不平等待遇中建立新的中華民國！」他是一個兵，但他的說話的確使我對於新中國的「兵」感到驚奇了，於是，我徹底信仰了國民革命軍的偉大。

記得他是一個青年的兵士，服裝整齊，談吐流利爽直……而他的行動則是一團熱的活氣。

終於我仰起頭來，看到那「青天白日滿地紅」的旗，在思晏堂頂上的旗竿上飄揚了。這是我第一次看到的新中國的國旗，我覺得比那有星有條的美國旗還要來得美麗。

浦口上的美兵艦過了幾天就開走了，滬大有不變的安寧與靜謐。

×

「清議不張死不休，煌煌「天籟」震神州。書生腕力休云小，竟挽狂瀾已倒流！」

這是鄭章成博士詠「天籟」詩。

鄭博士是滬大第一屆畢業生，「天籟」是滬大的月刊。

現在願滬大的同學大家來挽此狂瀾吧！

脫走於虹口之絕境

胡維九

起初，我已很清楚的看出全滬到處無樂土，也很憤怒的仇視一羣無組織的「搬場」之羣的無謂的自擾，我確曾綳一副不爲騷動所擾亂而惟求沉着應付的臉譜，我驕矜地。十二日那天，鄰近的居民，都紛向蘇州河以南的「安全」區逃命，我還是不爲所動。

翌晨九時十五分，果然，敵人在閘北先揭開了戰爭的序幕。那滬東的局勢，頓成了一個大混亂。但是，我，我還是留居於虹口，一是出於不及，二是無力逃避，三是難捨我這臥病的良妻，不得已遂終於做了饅首兒的餡子。

從十四至十八，繁華的虹口，已成了「修羅」之場，街頭除了日兵帶着驚怖的神色，放哨，佈防，和坐着馬達卡沉默而匆忙地開赴前線外，已成了死寂的境地。可憐我們無辜的同胞，整日夜躲在屋子裏苟延殘喘。我們絕不能自由的啓門張望，否則即遭殺身之禍。「虹口的民衆，在日兵的鐵蹄下，隨便有消失生命的可能！」

十九日，情形却突然變了，幾日來死一般的滯重，變成了頂度的緊張。有幾處已經着火，甚至逐漸地由茂海路，公平路，鄧脫路，兆豐路，而延燒到新記浜路來了。傍晚，獸性的日兵，曾一度緊急地來敲開了我們的門，我祇會張大了眼睛，護着病妻在床邊怔了一陣。結果，得悉日兵的來意，是通知未逃的居民，晚上一律要滅絕燈火，以避我空軍的夜襲。

一羣被毒燄焚去了住處的難民，都慌亂地，悲慘地，扶老攜幼的冒險逃命，而我們還未曾延燒着的「幸運兒」，則仍然在屋子里死守，雖然已失掉了睡眠和飲食。

隔天，密如聯珠的槍砲聲，從遠方漸向耳邊移近，牠帶來了足以告慰的喜訊——我軍大勝。可是，我們在這裏的危險的境遇，也跟着迫切起來，我終於感覺着「死守」也不是好辦法，還是「走爲上着」吧！

我們正打算「走」的刹那，前門突發生了斧頭砍門的巨聲。於是我妻失望地，悲泣地，不自主地喊出這樣的話：「逃也無益，還是讓我們死在家裏吧！」一團黑光頓時浮在我乏力的眼底，心頭陣陣的酸楚，幾乎失掉了我全部的知覺。「等死嗎？不值得，我們還是快從後門逃逃看；即使死，也得死在青天白日能照臨的大地上！」我彷彿在牢門口打定了死的決心，我們必得往刑場去「驗明」是大中華民國的國民的「正身」似的；說完了一把拖着妻子沉重的脚步從後門出走。

僥倖的，踹出了弄口，但是熊熊的火正冒在距離咫尺間鄰里上空，那催淚的烟霧，蒸薰的毒火，煎熬着我倆的餘身，甚至路面也成了火山的表皮，燙得使我們不易插足在濃烟中，隱約看見賴士德學校往昔的雄姿也被敵人摧毀無餘了。

沿着賴士德的後門圍牆，摸到元芳路西安路的拐角，那一向掛着英商牌子的師善里，也在着火了，火！火！這敵人的毒火！可要把我們葬身火窟？唉！這時的情景，比之「死守」時更悽慘了！走吧！「走」依然是我們不變的主意。

至西安路的上段，更緊張了，我們頓時把火看做了第二個問題。那密密的槍炮聲，能震聾了人們的耳鼓；敵人的鐵鳥，不斷地產下了一顆顆硫磺蛋，轟！轟！那一聲聲巨響，一簇簇灰烟，好久佔據了裏虹橋兩堍的上空。東邊已成了一片冒着餘燼的廢墟，卽使尙有矗立其間的，也不過是市廛和廠房的斷垣殘壁了。

再過去，那邊顯然是死路，我們便折回西安路，改向東熙華德路前進。靠着上海銀行的牆壁向東探望，祇見數十敵軍跟一羣無恥的漢奸，在趕築工事，堆砂包，但是賊計未竟，穿着便衣的我軍的前哨已經衝來了，他們便像無頭蒼蠅似的，向莊源大弄一帶狠狽竄去。

沿着華德大戲院馬寶山公司向南走去，滿以爲將脫離了火山。那知在中虹橋的橋墩上，去遇見了這樣的慘事：

三四個日本浪人，在搜查逃難的行人。當時我們目覩一個中年的婦人，在驚恐之下，俯着身子在手慌脚亂地解開包袱的帶結，不料因爲遲滯難解，竟惱怒了日本浪人，一刀就刺入少婦的腿部，加以狠命的一脚，把他踢入虹橋河。

中虹橋也「行不得也」，沒奈何又退回西安路，這時已是半天是月半天是火的新秋之夜了。——多悽涼的夜呵！——

我們在進退維谷之夜，倚着一被遺棄於路邊之破卡車下，跟着一隻也在逃難的死老鼠，一塊兒蜷伏了一宵。有一次，這缺少的車胎的鐵輪，還做了我們死的替身。（那流彈祇射到牠的軀幹，而不曾抓去我們難民的「難命」。）

東方被火燄照得了到處通明，幾乎不辨這已是黎明的曙光。華德路上的日軍來往頻繁，而路畔則到處是已經失去了生命的同胞。

六點鐘辰光，我們蜷伏在火山中的難民竟得脫離了黑暗與恐怖。我們突然看見了一輛救護車，把我們這一羣奄奄待斃的難民掃數救出了。

過蓬路，閔行路，天潼路的當兒，我們眼見到許多同胞正被敵人串演着多少慘絕人寰的悲劇，甚至我們飄着「紅十字旗」的救護車，也中了幾顆槍彈，敵人誠蠻無人道的了。

在這次砲火下，我們雖失去了多年心血所造成的家，但留餘的還有我們寶貴的生命。我們相信，有生命就可以回原處去建築我們新的家，新的市廛，新的廠房，新的虹口，新的上海；這炮火眞是給我中華民族一個新生的洗禮！——於是，我忘記了我的痛苦，

華德路西牢

王孟

經過兩星期的戰爭，華德路的監獄，是正在鎗林彈雨之下：裏面的獄吏：有二百個中國人，三百個印度人。七十五個外國人，還有守獄的禁卒，他們雖處於危險的戰區之中，但還照樣執行着他們的職務。在監獄中，有五千個可憐的囚犯同胞整天幽閉在獄中，耳聽外邊飛過的槍聲，眼睜着四圍房屋被燃燒着的火燄，眞不知生命置於何地。

因爲戰爭的關係，華德路已是寂無人烟，所以這個監獄隔絕了外面的一切情形，鐵門緊閉着，倒自成了一個世界。

在過去的兩星期中，曾經有八個十六生的砲彈，和四個小鋼砲的彈子，還有無數的來福槍彈和手溜彈，都落在監獄之中，給了這建築不少的打擊。據說有十多個犯人因而斃命，還有七十多個犯人都受到了傷。牆壁有如蜂窩一般，一個個的刺孔，顯然是給機關槍轟射的痕跡。在白天比較還安靜，到了晚上，中國軍隊衝進了這個境界，大炮就震天地怒吼了。

就在下層醫院中的牆壁上，也留了兩個槍彈的印子，在裏面看到了七十個給槍彈所傷的犯人。因為避免再被槍炮轟擊的危險，所以不能再把犯人囚居在頂層的獄中了。在頂層的牆壁上，穿着兩個大窟籠，窗戶都搗亂了，席上還留着血痕，隱示着這躺在醫院中受傷的一羣犯人的遭遇。湊巧監獄中有一個女的囚犯和一個意大利人做醫生的，就自動地給他們服務，日夜的當心着這批受傷者，做他們的看護和醫師。

在他們外國職員單人的宿舍中，已變成為一個屠場，因為這裏曾中過一個炸彈，從頂上的臥室，直穿到下面的餐室的冰箱上為止，這時有人睡在床上的，也從床上彈了下來，有人坐在桌旁椅上的，也猛烈地摔了下來，因為炸彈恰巧飛過他們的臥室。所幸炸彈還沒有爆炸，否則整個的房子要毀滅，死傷的人又不知多少了。

在窗口望到路上，橫着一個外國人的屍體，這人是在兩天之前被擊倒的。雖然看見他用手在驅着臉上的蠅，證明他還沒有死去；但是整天的躺在那兒。已經動彈不得，不會呼號了。

走過監獄的操場，飄過一陣腐肉的臭味，我們看到隣近四周，就知道了這臭味的來源。

在走出大門的時候，看見一個年老婦人，據說這婦人是飄流在百老匯路，呼援無門，所以進了這監獄之門，由他們收留，供給她水和食料，才能生活到今天。她的兩耳已給砲聲震隆了，呆木的立着，就是問她什麼話，她也茫然不知所答。

走出了監獄，直到保定路，這介在昆明路和華德路中間一段的房屋，都給炮火摧燬了。在華德路和舟山路轉角的菜市，也遭受了炸彈，成爲一片瓦礫之場。經過菜市到茂海路，這一帶僅留着一批房屋的殘壁。再回至舟山路向昆明路行，只是一片荒凉淒慘的景像；在轉角上，早幾天日本軍隊堆着的沙袋還留着鎗彈印着很淸楚的痕跡，四圍躺有幾個發黑的死屍，還有二個中國的士兵，顯然地是在衝鋒的時候，給敵軍打倒的。橫陳的死屍，約有九十個摸樣，陡然記得在監獄操場上所嗅到的氣，息知道就是從這裏飄來的了。

走到保定路華德路的轉角，有二十多個日本兵握着刺刀，突然地衝向昆明路去，那裏駐着中國軍隊的前哨。我們聽見他們在奔跑時的吶喊，但是我們沒有聽到他們摔到和開鎗擊彈的聲音，大約這時中國軍隊的前哨，已退到了他們的原防地點，預備到了晚上，再給日軍一次重烈的總攻。

沒有幾分鐘之後，沿昆明路又駛來了一列輜重車，向着保定路而去，可見日本軍隊是繼續着向前挺進，戰爭又好像在弁火待發；再看到四圍兩方軍隊的防禦工事，又不覺感到華德路的危險，使人懍然地，急於駛着汽車，回到蘇州河之南來了。（節譯自英文大美晚報）

今日的「小東京」

士平

所謂「小東京」（虹口吳淞路一帶的日本人窩），到現在還存在着。戰爭并沒有毀滅這個小小的日本人區域，只是已經把牠的性格改變了。這就是說，今日的「小東京」已不再是住宅區域，却變成了一個軍事的兵站酒肆，那裏一到晚上，街上已不再有穿着和服的男女遊蕩，可以聽到的只有軍靴的踏踏聲。除非持有通行證，居民都非蹲在家裏不可。

日本人說虹口已不再有軍事設備，也許是對的。晚上戒嚴時間，在路上巡邏的是武裝警察，并且在街路是一點光線也不能看到。虹口近來睡得很早，一到六點鐘，馬路上就沒有人了。倘若有什麼社交生活的話，那也是在拉下的窗幕後面進行的。

在白天，虹口只有兩條街有極大的活動，那就是吳淞路和蓬路，這時一些店鋪都開開門來，以備離營兵士採購什物，爲他自己或是爲他的朋友。香烟，啤酒，和報紙，是這些人所最需要的；每一輛離開虹口開向前方的卡車，都無不滿載這三件東西。幾乎每一爿店鋪，櫥窗裏都放有香烟；而在香烟之中，是以本地製造的某牌外國香烟，最爲流行。至於啤酒，則由日本製造的「朝日」啤酒獨攬市場。

報紙，除了本地報紙之外，還有許多種家鄉報紙，也被陸續送去前方，給兵士讀閱。那些報紙上面，大部分地位都被關於他們自己的活動的故事佔去。不過顯然他們讀閱商店廣告，是永遠不厭倦的。除了上述的香烟，啤酒，報紙三樣東西之外，生意最好的便是信紙信封，和戰事畫片。這些畫片，有些是關於他們自己的，有些則是關於中國軍隊的。例如一個放假離營的日本航空兵，就可以買到許多關於浦東方面的中國機關槍和高射砲陣地的照片；至於要研究這些照片的來源則是另一件事了。

凡是沒有東西賣給兵士用的店鋪，大都關着排門。至於乍浦路和海寧路一帶的啤酒店和 SukiYaki 菜館，則大部分做着買賣。這個一度繁華的區域，現在非常冷靜，并且被懾服着，兩條路上都極少行人，僅有一些正在和女招待調笑的兵士，可以通過打開着的大門看到。留聲機的聲音也不再聽見了，微笑的姑娘們也不再站在啤酒店門口了。

目前「小東京」的生物們都蝟集在吳淞路的從蓬路到崑山路的一帶，和虹口小菜場周圍。那裏除了大多數開業的店鋪以外，現在又新添了許多小的「露店」（露天商店）。據說外國人倘若有通行證的話，有時也可以跑到那裏去做買賣。

那裏馬路上的人，大多數是穿着軍服的人；偶爾看到平民，他們的樣子已經不像從前那樣豢養得好了。走在路上，他們彷彿是在趕什麼差司，并且穿得也很隨便，似乎覺得根本已經不再需要注意及此了。目前整個「小東京」，就被這種「不能久存」的空氣所包裹着。許多給養箱子胡亂地推在人行道上和弄堂裏，破碎的窗戶也不加修理，商店裏陳列的貨物也聽隨其散亂不堪，無人整頓。換言之，目前的「小東京」，看來簡直像是正在被人窮追着。

同時在虹口，我們還可以顯然地察覺出一種被慴服的雰圍氣，那裏的人民都永常地懷着一種恐懼，就是對中國空軍夜襲的恐懼。雖然中國空軍直到規在爲止，還沒有在那

裏投過什麼炸彈；可是在那裏投擲炸彈的可能性，却是永遠存在着的。（譯自英文大美晚報）

燬滅了的浦東

浦東是上海對江一個原不顯明的半島，三百年來人民在那裏安居樂業，只默默無聞地隱息着繁華都市的背面。自從上海抗戰以來，頓時顯出了牠的重要性，使牠重登於地圖之上，受到國人（尤其是本市的居民）熱烈的注目。

三百多年來，住居上海的人總不十分注意到這對江的浦東，舊時的一坯荒土已蔚然地變成了工業之區；廠屋林立，興起了許多的新市鎮，竟造成了添附在上海市的一個熱鬧的市鎮。碼頭接連着碼頭，造成浦東的「西式之堤岸。」近幾年來倉庫棧房的建設，正不遺餘力；此外還有夏季避暑的地方，吸引游客們去與旺牠們的市面，積極的建設有一個偉大的力量，使浦東繁榮了不少。

眞很夠得上資格，吾國當局預備在這長長的帶形地上建築起一個模範村來。各種新式的建設，正在從事經營：一個大的水廠剛是新近完成的；此外像建造公路，開設學校，建設幾個避暑的勝地，和架造一座江面的大橋，把上海與浦東緊接地聯繫起來。浦東是漸漸地在培養牠自己的長成，可是敵人的長驅直入，不宣而戰，竟使整個的計劃，功虧一簣的建設，都打得粉碎。

爲了建設各種公共事業，當局對於浦東的確化了不少心血，可是不幸還沒有得到海上世界人士的注意之前：大部份的地方已經屢遭了敵人的炮轟彈炸，破壞無餘了。漸漸苗長起來的工業之區，已變爲一個死鬼之城。在敵艦的環攻之下，留着的，只有傾圮的房屋，荒凉的村鎭，那裏的居民早已四散逃去，所丟下荒蕪的農田，也再沒有人去插秧割麥了。

雖然浦東接近上海，擺江往還的渡船，汽艇和舢板，在平時眞像過江之鯽，但是很少的人曾遍游過這伸展很長的半島的。除了沿岸的碼頭，棧房，和幾個村鎭之外，其餘有很多的地方，住在上海的人簡直都不知道。

浦東就是說黃浦之東，所以住上海對江東面的一片長形地帶，都算屬於浦東。這半島南向的一端伸至杭州灣止；牠上端的北角是達於長江出口，東岸是濱着東海，而另一面就面對着浦江。

以前許多人總以爲浦東是一個海中之島，直到現在，大家方始明白了。最先也沒有什麼人高興去注意這個平安的工業之區。所以直到現在，浦東的人口還沒有一個正確的估計，只就大概的估計說：浦東的人口，以農民爲大宗，總數目多至卅萬，少則十七萬左右。

浦東的居民大都經營着家庭的手工業，實在的也是使這地方繁榮的原因之一，像紡紗，織布，豢養家禽家畜等等。許多的村落市鎮，都漸漸地變成一個興旺的社會，有幾個村市，也都過着都市生活的享受，電燈和新的設備都裝置得很完全。

在島的東南的「南滙」和島的東北的「川沙」，可以說是這半島上的兩個重鎭。其次就是沿西岸的楊涇村，牠直對着滙山碼頭，也是很重要的地方，這幾個地點都有公路聯絡，直可以從浦西貫通過來。此外，還有市輪渡往來於兩岸之間，大約十分鐘便可來回一次。

許多的工廠，倉庫，和碼頭，都密集在浦東的西岸，恰對着租界，其中大部份的倉庫和碼頭，都是外人建設的產業。在上海戰事發生之後，浦東早已受了死神的洗禮。一切的建設，都給侵略者搗光了。房屋農田，遭受着連日的轟炸，已成一片光地，就是離江較遠的村鎮，亦都燬滅殆盡，這裏安居樂業的同胞，早變成了流浪的難民了。

遭受破壞最利害的是沿西岸的幾個村鎮，從江的上游數起：白蓮涇就是遭難最兇的一個，因爲牠恰在江南造船廠的對江，那裏有個酒精廠，已經一部份給敵人的炸彈所燬，就單把這個廠的損失來估計，已經超過三百萬了。還有許多外人經營的廠基和倉庫，也連帶地被燬；就在最近的上星期中，有一個上海煤業公會的煤場，又被一焚如洗！

在白蓮涇偏東南的唐橋村，是浦東東岸和浦西的一個公路聯絡點，這是一個繁盛的村子，有許多賣菜蔬的商人，集結在這個地方，所以也是浦東一個人口稠密的所在；可是現在變成了一個淒涼死寂之區，留下的只有一批警察和紅十字會救護工作人員居留在那裏。

其次下來的一個村市，就是正對上海南市的賴義渡（俗稱爛泥渡）那裏一帶也是一個熱鬧的市口，現在已剩了一片灰燼，約有三分之三的房屋，是被炮火燬去了。

再從爛泥渡而下就是春江碼頭，那裏就是敵人想屢圖登陸而不逞的地方。碼頭的四圍，一眼望去就可知道已經做過了敵人炮彈受擊的目標。還有相去不遠的一個天主教堂，亦一起遭了燬壞。

楊涇村，在匯山碼頭的對面，是一個很熱鬧而重要的村市，也是受損最慘烈的一個地方，差不多全村化成了一片焦土，日商三井碼頭的倉庫和煤場，也受了不少的損毀，在以前聽說敵軍曾用了他們飛機的掩護，竟被運去了一萬噸的爆斤。

楊涇村東南的高廟，恰對敵軍在楊樹浦建築的臨時機場，也遭了敵人重重的轟炸。在村西南的楊家弄，原來是住家很多的地方，記得在九一八那天，敵機的肆虐，又被一炸而平了。

除了村市的燬滅之外，浦東的農田也大受損害，興旺的營業死去了！安靜的村鎮破毁了！自從戰事以來，浦東所遭受的損失，是眞不可估計，就是很多外人的產業，也蹂躪的所存無幾，像天主敎堂，美孚油棧，和英商的酒精製造廠等等，都是全部或局部的遭了難。

浦東是歷來一個安靜的地方，旣無天災，又少人禍。並土地沃野，因爲地瀕上海，經三百年的經營　巳蔚然地成了工業之區，現在瞬息之間，經敵人敵機大炮的侵略，差不多巳成了一片焦土，燬滅無餘，這筆損失，我們應該向敵人去算賬的！

日本浪人在虹口

亞爾柯德君所遇

下面一段記載是大陸報記者 C. D. Alcott 敍述他自己所經驗着的事實。這是前天（九月十四日）的記載，文中所稱昨日卽爲前天。

（榆識）

×

睡在炮火之下，決不是一件有趣的事。你不妨去問任何一個人，倘若他是有過這種經驗的話。我到了昨天早晨，炮火稍息之際，也只得擕了我的打字機，一件襯衫，一雙襪及其他必需用的零件，搬出來了。

我離了那所三間頭的公寓——中國銀行大廈，北四川路九三〇號，三樓二一一號房間——其實那公寓已經不是一間房子了，而是一堆垃圾。

在前幾天有許多人都說我有些神經病，爲什麼早不搬出；但是一個人總有些不高與離開一所已經住慣了的老家的。我悔不該住在虹口，那日本氛圍太濃的虹口。

昨天一時半的時候，我剛結束了我的工作，就回家了。當時我有些疑惑我是否還能夠到達我的目的地。事實上，我早就有念頭，想在報館裏的沙發上或桌子上躺一下了；但是，想起了多麼舒服的牀，我終於決定要回到北四川路去。

到了文監師路的角子上，就被一羣日本浪人所阻止，他們毫無禮貌。他們簡單地說：「給你一些面子，你趕快回去！」意下如有「如不順從，卽將採取自由行動」之態。我呆住了，恰巧在這個時候，有一個萬國商團過來，總算解決了我的問題，他叫兩個助手，陪了我到我的寓所。

當我早晨離開我的寓所的時候，我的房間依然保持着平時的樣子，很整齊地。電梯員也仍舊工作着。我的廚子正在洗滌我的盆子。不過在再向北些的地方，隨時聽得一些槍聲而已。我以爲；回去的時候一定還是這樣的。

那六層樓高的新式公寓竟沒有一個人了，其實這也沒有什麽奇怪，他們都膽小逃走了。前門開着，隨便什麽人都可自由進出，電梯沒有人管理了，我只得用我的腿跑上三層樓。在這個時候，我觀察到這所房子裏已曾有「不受歡迎」的客人光顧過了。

扶梯上面的電燈也熄了，我爬上了三樓，劃亮一根火柴，預備用鑰匙開我自己的房門。但是門一碰就開了，而仔細一查，而發現我的房門已經被人從外面硬掘開了。我預備開我房間裏的電燈，太愚笨了，當然是不會亮的。

我於是喊我的狗「但密鐵」，也沒有回音。到了天亮的時候，我發現「但密鐵」是被槍決了，這原沒有什麽希奇，虹口的狗已經被人打殺了不少；不過略有些奇突的，別的狗是死在路上，而我的狗死在房間裏。

我的房間裏所有的傢具都打壞了，已不成其爲臥室。

也用不着講了，我根本沒有睡過。在北四川路靶子路的角子上，全夜是不斷的槍炮聲，淸晨尤爲劇烈。

很顯明的，在北四川路的房子上有許多中國的便衣兵，居高臨下，以步槍及機關槍射擊日兵，這使日兵感着了異常尷尬。

天曉了，重炮聲亦來了，隔雜着步槍聲和機關槍聲，這是「大戰」。大概是八點鐘吧！日兵向這一個區域內的房子裏面隨意走進去，在未進門前，一定先向門內開幾槍，我看了不禁笑起來了。

開了槍之後，他們進去了。過了一些，他們從裏面拖出一羣人來——不是中國的便衣隊，而是一羣衣衫襤褸的乞丐……這眞幽默極了，哈，哈，哈，我大笑了。

然而日本的浪人並不減少他們嚴肅的威風，他們以槍柄，皮鞋，趕着踢着這羣乞丐，趕一步乞丐動一步，似乎是不願離開那幾所大房子似的。

閘北駐軍西撤中
梵皇渡特寫

仲　某

十月三十日，上海英文大美晚報載稱，十月二十七日，有一中國新聞記者，把這一天工夫的大部分，都消磨在上海的蘇州河沿岸。那一天，正是日軍進入閘北，而抵達梵皇渡的蘇州河北岸。下述的，便是該記者，在這一天中所見的記錄。

在是日的下午一時，記者爲要明瞭自閘北，江灣，奉命撤退的華軍，在西區新防地內的實在情形起見，特往沿蘇州河，實地加以視察。

隔河遠望閘北戰區中，正如一個大洪爐，黑烟四起，憤怒的火燄上吻秋中的晴碧的天空。經曹家渡，但見難民們，慘然地扶老攜幼的行進着，由義大利軍守望着，租界華捕維持着交通，那時，記者所乘之車，被阻於凱旋路之北端，於是下車步行，至蘇州河沿岸，而達梵皇渡的鐵路橋頭。

彼時，駐守於極斯非而路，十字路口的，是英國軍。他們把街口障礙物，開放着一半。所以難民們，進入租界，尚無擾亂秩序之象。此輩英軍，雖然手中都握着皮鞭，但僅供指揮之用。難民的大部均係自大場，閘北，及眞茹等地逃出的。此輩難民，均已在日機轟炸之下，挨度過了七十餘天的苦難，但幸猶均告無恙。

此輩難民的面容，均滿含驚恐，面色蒼白。行動時，脚步多踏跙不前，屢屢倒臥休息。秋天的太陽，是那麼明麗，而溫暖，原野的景色，正如在春季中一樣的可愛。但自浜北，以迄於鐵路橋的一段距離之間，却滿佈着像灰黑色的河流那麼的一片難民，正像螞蟻羣那麼的，湧向浜南的安全地帶來。

稀疎的來福鎗聲一聲二聲的，從遠處傳來。有時，間雜着炮彈的爆裂聲。日本飛機，在頂上盤旋着，對着陷於極度恐怖之中的難民們示威。於是難民們，倉皇地向橋南奔避着。老年人及兒童們，在渡橋時，傾跌的很多。因為鐵路橋上，枕木的距離很闊，往往使他們的足步，不夠跨踏。而橋下的淙淙流水，也使他們感到極度的驚恐。一片哀號痛哭聲，交織成了一個大悲劇的場面。

記者對於英軍所發生的好感，這是最高的一次。這些英軍們，衣袖兒捲得高高地，在橋上來回地奔走着。有時，抱着一二個嚇得走不動路的小孩子，有時，扶着老年人，或行動不便的老婦人們，走向橋南。有些英兵，奔過橋去，幫難民們，搬取衣服包，被褥包，及米糧等。記者在彼間，逗留着的二小時中，見這些英兵，雖然汗流如雨，但却未見其略作休息。

他們扶助這些難民於危難之中，正如救護其家人，沒甚分別。難民羣中，儘有對之感激得流下眼淚來的。有些難民，更對之作着出於衷心的謝語。英軍，雖然不懂得這些難民的言語，但是從難民們的面部表情上，他們也必然的領會得感激的意義。

這種濟困扶危的精神，是使記者對之欽佩不止的；同時，在該處服務的租界華捕一二二二號也盡其最大的努力，從事於救濟工作，在那時，在橋堍下服務的租界華捕，是僅只有這一位，他幫助難民們，盡用其所能。

有許多難民，過橋之後，沿河向西行進着。他們的目的何在，不得而知，但據記者的臆測，他們沿河而向西行進着，或許是又將進入於一個戰場中去的。比較安全的去處，自然是向南，而沿滬杭甬鐵路走去，但是記者是不能執住着每一個難民，向之指示。

在那時，日本飛機中人，仍在擲下着炸彈來。記者曾目睹一年約十四歲左右的女郎，一臂已受着彈片的炸傷，但仍懷着恐懼狂奔着，在她的失望的趨避之中，她似乎已忘了她所身受的創痛。顯然地，她是不知道怎樣使創口停止出血的。記者於是加以攔阻，而謀爲之包紮傷口，但是一時竟找不到一些合於包紮用的布片。

記者正在爲難時，一位旁邊的外國太太，忙掏出一方清潔的手帕，授過來，而給包紮就了。正在那時，一個頭部受着步槍彈傷的中年人，由一美國水兵，由一輛救護車，車向租界醫院中去爲之治療。

正在這時，梵皇渡的戰爭，又開始了。在離鐵橋不遠，沿蘇州河北岸的若干高墩的後面，發出着急促而清晰的自動步槍聲。這些鎗聲的目的，是否是難民，英軍，巡捕和我們這一羣，那是不得而知。雖然這個舉動，顯着有些奇特，但是那位外國太太，和她的同伴，二個英軍和記者，便忙着避入路旁的一個小溝中去暫避，該溝是很淺的，所以我們很難避得深一些。

那二位英兵，避入溝中後便架起着槍，以防萬一。這時，沿着鐵路駐守着的華軍，已開始向之還擊。而我們這一羣，所處的地位，便恰處於二軍所對壘的中間。過了一會，記者得一機會，奔向了車站去　在鐵路旁，找尋着安全的藏蔽處。其間，曾一度的躲在一輛火車的背後。該節火車上，被射中了二顆槍彈，但是這一次，日本的飛機中人，總算未曾負着射殺記者這麼個非戰鬥人員的責任。

待踏上愚園路時，記者已覺得是比較的安全得多了。在歸途中，曾目擊着兩架日本飛機的互撞，而一同被迫降落着。這一幕，自然是一個奇觀。

從上海西站到鎮江西站

勞珊

我要到鎮江去，所以在幾天之前，就到各處打聽京滬線的情形，又問過幾位從南京來的熟人，所得的結果是到鎮江要十四五個小時；到石湖蕩要換一次車；還有一路上缺乏的是「水」和「食物」。至於路上有沒有危險，大家都不敢說。

七日下午，天下微雨，我帶了一只皮包，二瓶白開水，一包點心，乘黃包車到西站，這站頭以前是個不被人所注意的小站。自從八一三滬戰爆發以來，北站變成了戰區，南站又遭敵機轟炸，路局爲旅客安全起見，乃將京滬滬杭二車改由該站出發。這樣一來，西站便變成了目前上海最重要的車站了。

車站上的旅客與難民眞不少，賣票房外面已寫着「三等客滿」的字樣。於是我便買了一張二等車票，票子的樣式已不是白色硬紙，而是綠色的輭紙上面印着黑紅字，好像一張公共汽車票。票價是八元四角，比北站上車直達鎮江的票價多了八角，這或許因爲經過蘇嘉路而增加的。

有位站上的警士指示我，趁京滬車的人由站外左手邊門進站，趁滬杭車的人由右手邊門進站，只見左邊的人和右邊的人一樣多，像兩條長蛇那樣伏在那裏等車，隔了不久火車進站了，站門一開，人像潮水般地湧着進去，幸虧事前站上的警士們佈置有緒，因此人雖然多，大家倒還能守秩序。我因爲身體太胖，不願和人家爭先恐後地擁擠着，——結果，我是最後一個進站上車的客人。

車上早已塞得水洩不通了，不要說座位沒有，就是立的地方難找，不論頭二三等都是一樣。後來查票員來查票，將有幾買三等票坐在頭等車裏的客人，請他們立起來，隨手叫我坐到頭等車裏。我再也想不到二等座客有這麼大的優先權！我正在那裏想的時候，車子開了。

天色漸漸變黑：車子的中央，有一盞罩着黑布的電燈開亮了；查票員喊道：「坐在窗畔的人，請將百葉窗關上！」大家立刻服從了他的命令，將百葉窗關上，因爲這樣可以避免敵機望見車的亮光，當時車子速率很快，但是不知離開上海已有多少哩了。

坐在我旁邊的是一位中年男子，他說在戰後已第三次趁京滬車。在這三次之中，沒有遇見過一只飛機，他肯定地說趁火車是絕對沒有危險的，於是左右的人都請教他，他講了不少的新經驗。

過××站後，中年人對我說×××快要到了，行李可以先預備好，等一會兒下車之後可以跟在他的後面。這時車中的電燈已經熄滅，大家開了百葉窗伸出頭望着前面。

車子停了，中年人的手裏有個電筒，在前面照着，我拿了行李跟在他後面，從左邊的車門下車，車子的踏脚板上已有人安置了一架扶梯。下了車，他走得很快，在人羣裏像燕子般穿着。但是我苦極了，因爲走的那條徑道簡直比水溝還要狹小，徑道的下面是個斜坡，斜坡的下面都是些荊棘和沒脛的長草；並且那條徑道上還有七高八低的石子；而且又因爲下過雨，泥滑難行，一瞬間我的那位朋友不見了，我只得跟着別人走過去。

天上沒有月色，只有一些夜光；我趁着夜光留心地踏着枕木，走上橋，聽見橋下的水聲流得很急。有幾個人拿着電筒沒有目的地亂照，可是在黑夜裏不能照見些什麼。

過了橋，前面火車已經看得見了，我先跳上了車：車子裏一點火光也沒有，我用手摸着椅子，是皮的，知道是在頭等車裏。所以我不加思索地在沿窗的單人座位上坐下了。覺得嘴裏渴得苦，於是便開了水瓶塞子，喝了幾口水，這時，我已能看出車子裏一堆黑色的人影子在蠕蠕作動。

坐在我對面的是一位老年人，他在前幾天到上海的，現在回常州去。他說電筒在內地是禁止用的，因為電筒極容易做飛機的目標。雖在沒有警報的時候，用用不要緊，但是也應當向地下照，以防萬一。

若干分鐘之後，旅客和行李都已過橋上車完畢，車子便開了，車到嘉興站，已是××時，站上有不少賣吃食的小販，喊着：『香干，牛肉，茶葉蛋。』只是「水」和「香烟」沒有賣。「香烟」是因站長有命令不許賣的，「水」却不知道為什麼沒有。大家都吵着口渴，但是有什麼辦法呢？後來來了一個賣生梨的小販，一角大洋一只生梨，不到一刻工夫，完全賣光。我的旁邊有個蘇州女人抱了一個孩子，孩子哭着要水喝，我於是將小半瓶水送給了他們。只見他母子二人捧着瓶像喝甘露一般地喝着。那位老年人有一紙袋生梨，却獨自吃着說：『大家在上車之前，應該知道沒有水喝的苦。』

突然間，站上敲着急促的鐘聲，大家都吃了一驚，只聽見有人喊：「警報！」有許多人拿了行李逃下車去，但是大多數的人仍舊在車上。接着又聽見喊：「車子要開了！」於是逃下車的人又逃上來。車頭拖了車輛也立刻逃出車站。車子裏的空氣非常緊張，大家都靜默着不做聲。

我不知在什麼時候睡着了，醒來 覺得車子已停着了。我探頭出窗一望，知道已到蘇州，下車的人不少，上車的人也有。老年人指着月台的缺處說：『這便是前天被敵機轟毀的，當時警報來了，車子停着不動，有的人也像方才一樣逃下車去，有的就避在一輛車子底下，那裏知道炸彈湊巧落在那一輛車子頂上，避在底下的人沒有一個倖免。你想「生」與「死」不是有命嗎？』他說後搖頭嘆氣，接着又說：「火車在路上的危險小，在站裏的危險大，前天如其也像今天一樣，得到警報立刻避出車站便不會遇險了。」

×時離開蘇州車站，二小時後到常州，那老年人向我點了點頭，下車去了。我的對面座上已換了一位活潑的青年，他先和我通了姓名，隨後他講從滬戰以來，他在京滬線上來來去去不下十多次了。他在一家洋行裏辦事，今天到南京去接洽，明天又要到上海去辦貨，眞是忙得沒有空。這時有個茶房來問我們要不要吃點心，有麥糊與咖啡，每種大洋二角。

車過丹陽，天下大雨了，大家都異口同聲地說：『天有眼睛，下大雨了，日本鬼子的飛機今天決不會來，大家可以安安逸逸到南京了！』青年人說：『飛機就在我們的頭上也沒有危險的，京滬線自從滬戰以來，一共只死了十三個人，你看是不是比得航空獎劵頭獎還難？』

終于到了鎭江西站，我冒着大雨走出車站。

戰時一童軍

韓尚義

我是屬於上海市商會的一個童子軍，自從「八一三」開始到現在，我在前方後方，日間夜間地已經服務了五十天了。下面便是我五十天來所身歷的事情，值得向讀者報告一下：

全體宣誓

那天——八月十三號，抗戰開始後，我們的團長馬上就召集我們全體宣誓。每個強健的青年，大家舉起了粗黑的手臂，熱烈地喊着：「余謹以至誠，自願參加本團抗敵戰爭服務，絕對服從命令，遵守紀律，任何犧牲，均所不惜。謹誓！」下面就是我和二百四十多個親愛的同志的簽字。就在這天夜裏，我與奮得整整七個小時沒有入睡。（八，一四。）

給母親信

惟恐母親掛念，我就興奮地寫了下面的一封信給母親：

『母親：你也聽到嗎？平息了五年多的上海，砲聲又響起來了，記得五年前的一二八之役，你也在上海，爲那次戰爭，你是吃了很多的苦，使你至今還不敢重來此地。而現在，我們的戰士又來給敵人以迎頭痛擊了，他們是担負了一個神聖的使命，替我們結算過去一切的血賬的。母親，你快活嗎？——一定的，我相信，除了敵人以外，世界上誰都應該爲我們喜悅。

我經過了嚴格的訓練，比五年前懂得多了。如今，我自然不能放棄我的責任，所以我已經毅然的宣了誓，去服務於抗戰的前線。今天，我就要開發去工作了。母親你聽了覺得怎樣？——當然，我也明白，也許你會流淚，甚至還會替我担憂吧？但是，母親，你想，假如國家眞的亡了，我們還能有什麼存留呢：所以，母親不要悲哀，不要恐怕，我希望你做一個愛兒子更愛國家的母親。你應得回信勉勵我說：「上前吧！兒子，我都允許你。」

親愛的母親，我去了，你得保重身體啊！兒上（八，一四。）

寫好這封信，鄭鄭重重地摺疊了，綿綿密密地封裹了付與綠衣人，我說：「此信不尋常。」（八，一四。）

某某醫院

担架，運輸，登記傷兵，看護傷兵，……一霎眼四天過去了。今天早上，我們慣例地洗過臉吃過粥，正要開始工作的時候，就有敵機四架在我們駐地的頂上盤旋，一回兒多了四架，又多了四架，一共十二架敵機，「軋軋」地響，在我們的頭上，可是我們一點不害怕。後來，就在附近投了三個炸彈，我們還不躲避；但是第四個炸彈又下了，丟在飯堂面前，於是大家就不得，逃到屋外的豆田裏去。我一動也不動的伏着，側着頭，看着那殘暴的敵機的輾轉盤旋；炸彈還是不斷地下來，那强烈的炸彈聲音，把我的耳朵也震木了。但是，我得到了一個經驗，我知道每當機聲停了二秒鐘又發出「嗚——」地一大聲時，接着就必然是「轟」的炸彈聲來了。

後來，二隻敵機竟飛到我頭頂上空來打轉了，很低很低，幾乎連機師也看得見。它們轉了一圈又一圈後，我不敢再看了，閉着眼，臉枕在左臂上，只等待着「轟」的一聲的到來

果然，離開我四丈許的地下，丟下一彈，幸未爆發，但四散的泥土已經蓋到我的身上，我以爲是彈片呢，彷彿使我失去了幾秒鐘的知覺，混身是冰般的冷。啊！我眞慚愧自己的無用呵！

太陽已由樹梢升到天空了。我整個身體被晒得熱熱的。想到常識所告訴我的，「只要太陽晒得到，敵機就可看到你。」因此，我就偷偷的跳到小浜裏去了；除了一個頭以外，都浸在水裏。但是，我麻木的神經也不感到冷了。

這樣，敵機來去，偵察，投彈，整整的費去二個小時，把院內外盡情破壞後才滿足的去了，遠了。這時，我們才一個個走了出來，大家用失色的臉面面相覷。隊長點名後，幸運地一個也沒有受傷。但是，在大禮堂中，救護隊長受傷了，茶役和廚子也死傷了四五個。大家就慌忙地把東西搬上車，向崐山駛去。（八，一八）

南站所見

那天，車站裏聚集了千百個待車回鄉的難民。坐着，立着，躺着，他們都是敵人砲火下的可憐的餘生。

忽然，黑色的雲端裏，吐出了一架架的敵機來。一個個一百多磅的炸彈。直向車站投下。無辜的難民，立時血肉橫飛，無一幸免。整個南站，就陷入萬分悲慘的氣氛裏了。當時，我們的團部就接到了電話，我們便很迅速的上車駛去。

車站披上了一件紅色的血衣，一條條斷的腿，斷的臂，一個個血的頭，血的身體，似在向我們控訴敵人的殘酷，我不禁打了幾個寒慄。四週還猛烈的燒着火，怪臭的氣味，向我鼻管直衝。電線都掉了下來了，一根根雨絲般的掛着。我們很小心的把傷民搬上車子，向醫院開，一車又一車，一共裝了十七車。（八，二八。）

母親來信

大約因戰爭而交通不便之故，所以母親的回信一直到今朝才來。母親說：

『兒子：讀着你的信我滿臉交流着熱淚，這淚是光榮的，驕傲的。驕傲這個勇敢的有爲青年人，正是我的兒子呀！

兒子！你去吧！爲着我們的祖國，你本該效命疆場，你應該先是國家而後是我的！我不希望你死在家裏，死在床上，我願意做一個愛國家甚於愛兒子的母親。兒子！媽是允許你了，你去吧！一切你得自己當心，我們做事，應胆大而心細，懂得嗎？「上前吧！爲了你的祖國！」母字』

讀着母親的信，二手揑得緊緊的，我幾乎不信任這是我的母親寫的。平時疼愛我，不肯離開我的母親，也能這樣說嗎？「呵！中國是站起來了，最後的勝利必屬於我們的呀！」我不由不這樣高歌。（八，二九。）

楊行囘來

那天，當我們在未到楊行而在顧家鎭等待傷兵下來時，突然從上海馳來一輛救護車（？），爲某種關係，就給我們格外注意了；偵查之下，發現他們的臂章，旗子，符號，什麼都是假的（自己做的，並沒當局圖印）車子又是××國商人的運輸車：其他隊長又冒稱爲××師的參謀……，在這種情形下，我們自然不得不疑心他是不良份子的了，何況在最近，我還看見過他……隊長在上海出過事。他的說話又前言不接後語的使人生疑。我已斷定他是「漢奸」，但因他們連車夫一共有五個人，我們對付不了，只得本着「童子軍」的機警，仍和藹的對待他，說要幫他們一同「救護」去。而正因他是僞裝着

「救護」車，很難拒絕我們，所以我將自已的車子囑隊員救了傷兵回去，我就和××報記者唐×先生押着他們的車上楊行去。

車子裝了滿滿的傷兵，我們回來了，在路上，他們五人都站坐在開車人之旁，我和唐先生則和傷兵一塊兒站着，只聽得他們竊竊低語，我們就非常寒心了。突然，天空裏發現了照明彈，接着，敵機飛來了。我就叫他們「停車，熄燈」但是他們竟不聽。只聽得那個「隊長」對車夫說：「你聽我的話，不要聽他們！」後來，敵機飛得很近了，低了，並且掃射起機關槍來了。車子雖然終於停了下來，但我們已來不及跳下車躲到田裏去，只得顫抖的眼看着敵機「軋軋」地從頭頂上飛過。幸而，一回兒機聲遠了，照明彈熄了，車子又向前開，看看前面，火光滿天。我焦急地低聲對唐先生說：「爲什麼他們不從××路打灣呢？或許他們要把我們直開到××司令部去吧！前面火燒的地方，不就是戰線嗎？」

「不要怕！我們聽他們怎樣支配。」唐先生勇敢不屈的回答着。

天快亮了，車子馳進了租界。不多時，他們就要在一家不三不四的醫院裏，把傷兵運下來。但經我們再三的交涉，才到了我們的會裏去，報告我們隊長。隊長很客氣的和他們講談了一會，忽然……（中略）五個人的眼驚奇的向我看，帶着恐怖，怨恨。但我却只有一個「高興」。（九，一。）

北新涇去

一夜沒有睡，兩眼覺得酸。

電話鈴響了，「北新涇被炸請快去救護……」我心跳着，眼前黑黑的現出了以前所目擊的慘景：敵機的慘無人道的轟炸，無辜難民的苦痛呻吟……雖然自己精神疲乏得可憐，但我也不敢放棄自己的任務；因爲是很早的早晨，救護隊員還沒到全，只得臨時募集一些同志，立卽趕去；開車的是一個義務來參加服務的美國人。到目的地一看，眞是悽慘萬分；屍橫遍野，房屋在綿延的燒，××公司的麵粉船一隻隻的往水底沉，炸死在田野裏的農夫們很多很多。我們馬上把傷民裝上汽車，裝了三車還不夠。

時間快中午了，我們的三車傷民還無處送，一直到下午一時才安置下來 我想，在早上七點多鐘炸傷的人，一直到下午才獲得醫治，實在太遲了，所以我希望辦救護者除注意傷兵醫院外，也得設立一個傷民醫院，以防不測。（九，一三。）

眼紅腫了

最近三天來，我跟着第×急救隊，跑的是最前線，幾乎離戰線僅一里許。敵人的砲彈時常從我們身邊過去，但是，我們已有避彈的經驗，所以當它「呼——」的左面打竹林穿過來時，我們就向右面臥倒了。不過，我們工作甚困難，敵機的時出時沒，不允許我們爽快的救護了。

到市政府大禮堂，宮殿式的建築已被大砲打得七穿八洞。可是，巍巍然仍不失其舊有的莊嚴。當我們在市中心工作時，在屋外，跑一步路都要傴僂着身子。否則，流彈是隨時可以打到你頭上來的。

因爲是負着「押車」的責任，所以，每次出發都要去接幾個同伴；而長駐在那邊的黃軍又只有我一個。每天晨午夜三次的救護，我一個人眞感到疲乏，兩眼也因少睡而感到疼痛，紅腫起來了，我只得告假了三天，回到上海來。

偉妹看見我，似乎替我難過。但我却老是記着媽的來信。（九，一五。）

雨夜滋味

出發時，天下雨，一會越下越大了。我們的車子上沒有蓬，又沒有油布，所以幾個傷兵的創口，洗得很清爽，皮膚被秋雨淋得起了白色的皺紋，整個車身則淌流着紅色的雨水，當時我就把軍用氈蓋在他們的創口上，但自己的制服却完全滲透了。

滿滿的一車傷兵，到了××車站，車站是黑黝黝的，帶了恐怖悽涼的色彩，火車也不敢放它固有的光，四週又密佈着鐵絲網，——我一下車，就被抓碎了制服和襪子、鞋子裏裝滿了水，走起路來會吱吱地叫。我們就在這大雨傾盆之下，好容易把傷兵一個個抬上車廂了。見火車慢慢地慢慢地離開了××，我們就回來。

那時快三點鐘了，雨仍不肯停。濕濕的制服緊貼着我的身，車子的急馳又帶來强力的風，我感到極度的寒意。

這夜，我們因租界已在戒嚴時間內，不能通行，就睡在華界的××醫院中。我躺在水門汀的床上。想想自己的服務的價值，也好像是個了不得的人了，我很快樂，所以一些也不感到疲倦。（九，一六。）

九月十八

「九一八」六週年了！今年的「九一八」，郭沫若先生說是「國慶」紀念了！的確過去五年來，我們是被壓迫在下面，我們的紀念也是悽慘的，不中用的；如今，中國是站起來了，第六週年的「九一八」是我們全國集中力量和敵人抗戰的時候，誰不愉快！

今天中午，上海每條馬路上的行走的市民，都得停起來由童子軍領導宣誓。自然有着很偉大的表現！

我們全團的同志二百多人，今天都不吃飯一天，只吃光餅十只，省下飯錢來救國。雖然我感到飢餓，但想起敵人的可惡，我就不敢去買東西來吃飽了。（九，一八。）

桑公館中

昨天收到一封桑公館寄來的信，說他們有許多東西要捐給國家，床，被，枕，衣服，鞋子……許許多多，開了一大張，我就押着車子，向高恩路去找到××號門牌，按電鈴，傭人來開門，當我們還沒有告訴來意時，樓上的主人就喊着：「是紅十字會裏的嗎？」接着就下來了一個四十歲開外的桑太太，右足一拐一拐的，笑容滿臉，她說：「我知道你們今天要來的。」「桑太太眞熱心……」我這樣的感謝他。

「那裏話來！你們每天在前方工作，眞比我們熱心得多。……」她說着就領我到一間堆滿了東西的屋子裏，「這些都是……張媽——（傭人）幫他們一同搬」她說了，便自己上樓去了，張媽和一個車夫跟我便一件一件的把東西搬上車去。三個十一二歲和七八歲模樣的孩子，老是向我身上看這樣看那樣的，帶着多量的好奇和好感。因爲東西多，我們搬了好久還沒有完畢；一回兒，樓上一位小姐及一位穿着漂亮西裝的男子也來幫助我們。

搬好了東西，我出了收條給桑太太，謝了她，跑出了他們的家。在路上，我們突遇着二個法國兵；他們止住了車的前進，問車夫說：「有童子軍嗎？」當時，我就探出頭去。他們向我微笑着，一揚手走了。我立刻想到友邦人士對我國「童軍」的信仰，我又爲我們全國「童子軍」的前途愉快。（九，二五。）

同志的血

告了一日假，今天一到會，就看見鄭志强同志的一件血衣。「啊！子彈是從左肩直穿腰部，傷勢是相當嚴重的。鄭同志和第×急救隊一同去在最前線的永安橋那裏，砲彈不斷地來，他就躲在壕溝裏，很久很久，槍砲聲停了，他才慢慢地爬起來；但就在這當兒，「砰」的一彈過來了，我們的鄭同志就應聲而倒。現在他是在體仁醫院裏，已有二位同志輸血給他；但是，還沒有施過手術。我祈禱着我們的鄭同志能早日痊愈，仍來爲國効勞。（九，卅。）

××回來

北新涇，全浸在恬靜的空氣裏，不時有秋風襲來，蘇州河裏的水就織起了條條的浪紋，像疊皺了的錦被；四週的景色告訴我，是寒冷的季節了。我雖翻起了大衣領，仍覺得有些瑟縮。

今天，我們又到前方去，帶了三大蒲包的餅乾和麵包，預備去慰勞傷兵。

過××後，一路上就有好多傷兵要上我們的車，但因我們車子來回要走許多路，所以只能允許輕傷的先上來，傷兵一上車，我就在車上發麵包給他們吃。「同志們！你們餓了，我這裏有麵包給你們吃。」當時，一對對帶着喜悅而迫切的眼都注視着我，我的確看出他們有幾個是一二天沒有吃過東西了，抗戰的工作眞是辛苦勤勞啊。

他們說：「在前線衝鋒激戰的時候，伕子根本不能送飯上來，就是送來了，我們也不吃的，非把鬼子兵打退得遠了，才肯吃。所以有時我們會二三天不吃東西的。」

這樣我們談着各種事情，我們的車子，不覺已經過××，×××，××而來到了××車站。經衛生隊的說明，知道今天敵機又會到這裏來投了七八彈，所以衛生列車又只好暫停了，於是我們就轉道崐山去。

過××公路的右面是×××，左邊是×××路，是那樣的崎嶇，并且多着炮彈穴，所以車子顚動得很厲害，而遇到較大的振蕩時，他們——傷兵就會叫喊起來。因此我只得喊車夫開慢一點。

實足有×個小時，到了××，把傷兵運到××收容所，向副醫官打了手條，我們就回來了。（十，五。）

一位營長

在××救了一卡車的傷兵，送往××後，因爲車上有位傷了臂部的營長，我念他的功勛，想上海醫院比較完善一點，就特地設法把他運到上海來。

他是湖南人，年齡還只廿八歲。我問他受傷的經過，他說：「敵人攻上來了，我們陣地失去了三百多米，當時就命令反攻。這時我們收起了步槍，專用手溜彈和刺刀向敵人衝去，終於，敵人退了，還下了滿陣地的死屍。於是我們就把敵人的死屍疊起來，做我們的防禦工程。這樣衝，衝，給我們反攻過二百多米模樣，上面就命令我們暫守。但就在這個時候，敵人的槍彈過來，把我這裏……」他指着臂部興奮地說。

這樣說東說西，到達了上海，把他送進××醫院後，時候已至戒嚴時間，車子已經不能通行了。於是我和車夫們，只好睡在車上，過了流浪人的一夜。（十，七。）

捐棉背心

在這樣寒冷的夜裏，着了單衣上戰場，是多麼難於忍受的事呀！我常常替兵士們這樣想。

近來每次到前方去，可以看見將士們都穿起了棉背心，做什麼都很有勁。我立刻會想起上海的一般民衆踴躍捐募的情形來。自從抗敵後援會發起募捐棉背心後，每一個民衆都盡力輸將。當時後援會要全市童軍募捐五萬件，這數目是相當可觀的。但結果，僅我市商會一團，就捐到全數五分之三弱；秦同志和陸同志竟造成了每人二千件的個人最高成績。（十，九。）

虬江路去

那天打××運輸了三次傷兵後，空車由××路折入××路要回上海。可是，半路上被×××師的衛生隊阻止，他們說在虬江路有許多傷兵，這車子要借用一下，一定要去的。「虬江路」是閘北的最前戰線，在敵兵步槍射程之內，但既有傷兵，當然要去救

我們鼓足了勇氣，由衛生隊領導前進。駛過五六里路後，事實上，就不能允許我們開燈了；對於那黑漆的夜路，車夫已喊着「吃不消」，我就從車廂裏出來，換坐到車頭上的葉子板上，幫助他察看，低聲叫他靠左靠右。忽然有一段路上炮彈穴很多，眞非開一下小光燈不可，但一下子接着就來了「砰砰」的二炮，正打在我們車子的上空；忙熄了燈，停下來，等了一回，然後又慢慢地向前蠕動。

到目的地，那境遇不像我理想中的可怖。但四週的房子已倒坍得不像樣了，一個士兵告訴我說，火線就在前面，但此刻雙方都寂靜着。

把二十多個傷兵運上了車，在夜色中摸了回來。前綫的機關槍又在響起來了。

傷兵醫院羣像

蔡上女士

切切此令

「奉

院長諭本院人員不論醫師護士職員公役不得向傷兵探詢前方戰情如有違背查出立予開除不貸切切此令」

等因奉此，筆者雖非職業護士，然而此令既切切，祇有傷兵的「傷相」可以告訴讀者了。諸希讀者原諒！

門診室

救護醫院裏最不人道的事，莫過於傷兵抬進時的「問口供」了。傷兵從救護隊員或裹傷所送來時，都有過粗粗的包紮，這時，醫師與護士忙於重新包裹，打針，送開水，餅乾；登記員却打起喉嚨叫：

「你姓什麼？

你叫什麼？

什麼地方人？

今年幾歲？

那一師那一旅那一團那一營那一連的？

什麼時候受傷的？

在什麼地點？

傷在那裏？」

這接連八問，從一個重傷人的喘着氣的口中回答出來，在非老於此道的我看來，簡直等於逼命。然而除了帶「傷票」來的，若不當時問清，死了如何報上去？登記員的心也許並不好受呢！

手術室

院裏人管手術室叫「開刀間」，不問可知那是一個可怕的場所。醫生的手上帶着皮手套，嘴上蒙着口罩，那白色外套上的紅十字似乎就是血染就了的；醫士們說話都那麼輕，不像門診間那樣嘈雜，祇要看着那些動手術後取下的子彈、砲片，折臂，斷腿，你就會不寒而慄！

「看護小姐，取子彈痛嗎？」一個北方小伙子，一等兵，在抬向手術室去時問我。

「你別怕，一點不痛，醫生要給你上麻藥的。」天知道我在說謊，向病人說謊，這是醫生護士的義務，其實我怎不記得剛才那個開刀取炸片的老鄉的呻吟，「他媽的日本鬼子！」那個咬牙的咒罵。這小伙子，前胸一個彈孔，子彈正在他左肺裏，開刀也很危險，可是我不能告訴他。

D字

年紀很輕，廣東人，左臂穿過二彈，骨斷了，失血過多使他的臉色靑黃，眼張得頂大，失神地看着前面。進過手術室，從腰間架起一個鐵絲架子，把左臂曲抬着，活像一個D字，醫生不許他睡下，讓他活動活動，因爲怕鹽水針沒有用。

「我這手臂會鋸去嗎？小姐！」每當看他坐着數分鐘外，我就去扶他起來在院子裏走走，那時他準又問我這句話。

「醫生說可以復原的，你將來仍舊好打日本兵呢。」我爲他的這種忠勇的興奮感動極了。

「謝謝你同醫生，我還能夠去殺小鬼，眞高興。」

中飯，他多吃了半碗稀飯。

高連長

院裏有一間特別房間，是預備重傷的官長住的，現在有一位高連長在。肩頭爲砲彈鐵片深入，手部大腿部亦傷，雖然重傷，從不呻吟一聲，兩目炯炯地，不大開口。典型的北方中年人，手傷了，洗臉，漱口，吃飯都要我們代勞。「看護小姐，請你叫一個工友來。」那是他要解大小便，我們知道他就是這樣一個不隨便說話的人。

他要看報，我們遵醫生命不給他看，他總是說「求求你，小姐，你講一點戰情給我聽，我是有守土之責的軍人，我不能悶死在這病院裏。告訴我一點前方的消息吧，算起來這四天我們該把敵人趕出吳淞口了，我們要死在東京去。」

「高連長，你多多休息，不久就會好起來，那時候你又可以上前綫去了。這幾天我們是節節勝利的，你放心。」這是醫生敎我說的，我做了一次留聲機。

今天照過X光，到手術室取出彈片，下午他倒安靜地睡着了三小時，醒來，就問我：

「我幾時可以出院？」

右腿沒有了

「醫官，我底腿骨斷了嗎？」純粹的山西話，從那個大個兒的口裏發出來。

「等照過X光再告訴你。」祖醫師也裝不知道，其實連我這門外漢都看出他的右腿比左腿短了些，骨，無疑是斷了，而且，救治時候過遲，（受傷已三天 傷口都在出膿，恐怕得截去才有救。

照X光，決定了截到膝蓋骨下面。

「到手術室給你治，別害怕！」我要他別害怕，我底心却爲他底不幸在亂跳着。

送進手術室後，上蒙藥，開刀，我沒有見，過了卅分鐘，工友從手術室後門提出一隻血肉淋漓的人腿來，那紅的，白的，黃的，矗出的骨，我不禁作了一次噁心。

醒來，他發覺自己截了腿，大哭大叫：

「醫官小姐，謝謝你底好心。可是，我底右腿沒有了，好起來也是個廢人，再不能去打日本人啦，你不用服侍我罷！」

（筆者寫完這段，此人已因血中毒而死。）

軍人魂

團附進院，有一個勤務兵陪着他，這是較高的軍官的特權。他是二十六歲，湖南人，傷在左臂，腰間，不算重，脾氣很急，說一句話就得給做，醫生遲了一點來，他也要說：「你為什麼遲來？難道你不希望我們快一點好了去殺敵嗎？」

護士　不用說他簡直可以駡。

到院兩天，勤務兵病了，瀉肚子，大概是喝了生水，很疲乏黃瘦了，團附喊他，他慢慢走進來，手摸着肚子。

「什麼鬼樣子！還配當兵嗎？」團附發怒了。

「團附，我拉肚子不舒服。想想我做小生意，滿好過日子，當什麼兵？像你團附，好好的父母雙全的一個讀書人，憑空進「軍隊，現在這樣受傷，等團附好了我們回鄉去吧。」

「你這漢奸不如的東西，」他坐了起來，在包裏亂找，我一眼看見他抽出一把佩劍。我趕緊對勤務兵揮手要他走。

團附在床上跳起，我伸手給他攔住了。我說：

「你應當好好地安睡，生了氣不容易收口的。」

「小姐，你不知道，這東西多喪氣！我要殺了。他殺敵是軍人的天職，受傷也是我們的本份，回鄉去等做亡國奴？這佩劍，是校長臨別贈給我們的『軍人魂』，軍人怕死，我要殺了他給『軍人魂』血祭！」

恰好醫生走來，硬把他又按下去睡了。

坐病

救護車上童軍扶下一個傷兵，讓他在椅上坐下。卅歲模樣，很壯實的河南人，頭部同四肢都沒傷，可是呼吸異常困難。

脫去上衣一看，胸都包滿了紗布，原來一粒子彈把肺部對穿了，肋骨沒斷，左肺傷，睡倒就不能呼吸，疲倦得要命，可是得坐着。

「這簡直生的坐病嗎！」朱護士長發明了病名

吃下一碗稀飯，都吐了，下午又吐出好些血，醫生縐縐眉，我問他有沒有危險，醫生回答得很好：

「沒有什麼，有二分之一痊愈的希望。」

今天能夠喝一點牛奶同稀飯，又多了一分活的希望，可是依然不能睡。

挨餓的人

頂上到下頷纏着紗布，頸上也都是紗布，紗布滲出一滴一滴的血水痕，面孔半邊腫得把臉形也變了。子彈從左耳下進去，右下頷下面出來，食管穿着兩個洞，食物是要受阻礙的。

「我受傷了三天，趁夜晚向自己的陣地爬，到昨夜才遇到救護隊。」河北人，用疲倦極了的低聲說。

「你在那裏受傷？」登記員問。

「××司令部，那天夜晚我們進攻，他媽的司令部，對我們一排排的機關槍小鋼砲儘放，沒法，連長叫：『滾進！向前衝！』我正在滾，子彈就鑽進了我底頸子。」他停了一會，「三天我沒有喝一口水，我餓得很！」

我先拿開水給他喝，他嚷痛得厲害，讓他睡下，我拿湯匙一匙一匙倒進他底嘴裏，他說少痛一點，於是小廚房送了鷄蛋牛奶來，仍讓他睡着喝，他老說：「這樣湯湯水水的，傷口不死，也得餓死，醫官，我要住這兒多久？」

寫信

直到今天，我才在傷兵中發現第一個江蘇籍貫的人。個兒不頂高，眉眼也還清秀，換上了醫院的白衣袴，簡直看不出是血戰歸來的勇士。右腕傷了，吊帶掛在頸上，左手，被子彈打去了一個小指，無名指上却戴着個金戒指。

他說，他是去春投的軍，現在是個少尉排長，離家的時候，家裏就剩結婚未滿一年的妻，同沒出世的孩子。西安事變開拔陝西，總以爲不會回來了，給他底妻去了一封絕命書，等回到南京，妻的來信說預料他一定勝利，希望他能回去看看未見面的兒子，然而告假沒准，即升做了排長。

「好容易我回到江南，滿希望有個機會回去看看家小，誰知又受了傷，——看護小姐做做好事，我有十二塊錢存在賬房裏，叫茶房給我買點信封信紙郵票。再多謝你給我寫」他說着抬起了右手，「可憐我底手不能動，你行行好！」

我答應了他，祇要醫院允許，我總給他寄出這封信。他告訴了我他家裏的地址，又趕緊說：

「我底妻叫葉愛蓉，你不要寫做我的名字，因爲她不喜歡這樣的，地址上請你加兩字『洪宅』吧！」

畢竟是江蘇人，這麼體貼溫存的。

三角巾

「原來是老表！」一個湖南護士說。

右下臂傷，三角巾絡在頸上，軍服的右袖給絞了，右襟一大片血跡。到院來，衣服不好脫，爽性代他剪了，南昌人，他說：「日本鬼子比共產黨可惡得多！」他曾剿過匪來。

子彈在肉裏，右下臂紅腫異常，而且很燙手，照過X光，確定子彈位置，開刀。

小臂上取個子彈，手術室的醫生看來眞是「小事一件」，戴上手套，輕掠地就動了手，——也不知是痳藥上得太少，抑是沒上痳藥，受傷人竟是大聲地嚷起痛來：

「哇呀……啊哦……哎……嘀嘀……」隔壁聽看，不大像人的呼聲，是一種直着嗓子的號。

「打倒……日本帝國……主義！……打倒……日本……帝國主義！……打倒日本……

……」過了一會，切齒地帶出這句話，這是「寃有頭債有主」的切實地認淸敵人，決不是普通遊行時的口號可比。

手術室裏那位白帽白袍白口罩白手套的孝子式的醫生不禁低低說：「這很對！」

報告營長

又是一個連長，有勤務兵伴來。

彈從右後背穿肋骨進去，在左前胸出來，傷了肺，心也帶傷了。失血過多，進院來時像一個蠟人。給他打鹽水針，強心劑，才似乎好一點。

「這院裏還有我連弟兄嗎？」問勤務兵。

「本連有兩個弟兄，昨天來的；營長也來了這兒。」

「營長傷的怎樣？」

「腿上掛彩，很輕。」

有人想給連長輸血，可是本院沒有輸血器械，而且，心臟破了，輸血也白費。

醫生知道他不行了，問他有什麼話要留下。

「醫官！我知道我不會好了。我沒有什麼話留給家裏。孩子的將來反正有我底妻子管，祇給濟南我家裏去一個電算了。」喘息了一會，「可是我得託你老一件事，就是代我報告營長；我死的很慚愧，沒能帶我連百五十人打到東京去。希望營長早日傷愈出院，打倒敵人，收復失地！」

連長死去，紅十字總會買具百廿元的棺木殮了，勤務兵哭了一天，營長在病床說：

「日本兵又斫了我一隻手。」

出院

今天六人可以出院。

打電話去××××××後方辦事處接洽，一會兒派了一輛卡車來。

六個重獲健康的人，穿上新漿洗過的軍服，笑容滿面，雄赳赳地列隊走到院子裏聽候點名，後面走來二十多個不該出院的傷兵，圍着這六個，你一句，我一句吵得一聲也聽不清：

「多高興……又上前線去哩！」

「喂，老鄉，少殺幾個日本鬼子，留一點給我們。」

「醫官又不給走，眞悶得慌！」

「你們眞是運氣！」

醫生走來點名、分開了其他的傷兵，逐個喊去：

「×××！」

「有！」、個立正，舉起了右手，有力的應聲。傷兵中的「D字」在自己看臂架子。

車子走了，傷兵羣還在鐵門條上向外張。

雜碎

醫院的名字，是：中國紅十字會總會上海市救濟委員會第　救護醫院。（是與各救護醫院一樣，由衞生局的各醫院各事務所合組的。）

正院長，直爽的廣東人，祇是太「典型」，就未免太「鄉土觀念。」

副院長，大腹賈樣子，「兩面國」的臣民，見副總護士長則眉開眼笑。

醫師廿六位，三個女性。八時來，五時歸，無一住院者。

晚間，醫院是護士的世界。

總護士長，四十歲的女人，和善而老練，據說是正院長特選來的。

副總護士長，二十七八，高大的北方女人，一頭黃頭髮捲着金波，約以綠色緞帶，一張厚脣，畫眉塗脣，細豬眼配一個多肉的鼻，笑起來嘴角却向下彎，自以爲「北平話」很嬌脆可聽。早起化裝二小時後，抱起白皮夾子各樓亂逛，播送國語；既立了威，又販了美，不夠抖動兒嗎？

護士大部份是職業的，各院各自調來，不大能合作，閑言閑語不少。

非職業護士，一部是市府某局派來服務的，由某局給養；一部是某女校的看護訓練班派來，都是女學生與女教員，由院中供膳宿。許　給傷兵以同情的是非職業護士，因爲看慣了病人的職業護士們見着病痛已無動於中了。（筆者是非職業護士中的前者，所以常常感到這「少見多怪」的難受。）

茶房（工友）不大聽後者的指揮。

女宿舍有女僕一雙，是滬北××醫院帶來的，現在雖吃的「第×救護醫院」的飯，卻只認得滬北××醫院的護士小姐們，於是，這一雙女僕，我們名之曰「御用隨房娘姨。」

一條尾巴

最後，我要請讀者格外原諒的，是本篇實在寫的太不成東西。

第一，護士分日夜二班輪值，日班是上午七時到下午七時，夜班是下午七時至次晨七時，一天工作十二小時，還得自己洗衣服，精神疲倦極，工作後拉雜寫來，自己也昏頭暈腦的。

第二，宿舍中空無所有，睡地板，自備草蓆一條而已。蓆地寫此，倒像前清的殿試進士，然而我不慣。

得暇再會！

八月卅一日於大通路

血戰時期的上海景象

Carl Crow著
周新譯

（一）

除了七月初上有幾天熱，這個夏天在上海是特別的涼爽，不時的有一陣輕快的微風從海上吹來。像我們這些留在上海而不能往中國或日本的山嶺海灘避暑地方去的人，時常互相慶賀，我們眞是些幸運的人，我們雖然沒有機會去享受那些避暑地方旅館裏的奢侈生活，但我們住在自己家裏，在我們熟悉的球場上玩玩高爾夫，倒也非常舒服。

我們事務所裏業務的忙碌使我們很引爲自滿。我們許多人都覺得，許多年來，這還是第一個夏天，我們眞的應該放棄我們的假期，因爲我們確實有着生意要照顧，許多有興趣的，有利的生意。中國的進步的國民政府完成了一個表面的奇蹟，全國的通貨已經奠定了一個健全的基礎，把幾百萬幾百萬元化用在各種公衆事業上。五穀豐收，許多苛稅都已廢除，從各方面的發展使全國的商業生活得到了一個極大的推動。差不多二十多年以來，在我們的生活上加上了一層悲觀的色調的內戰威脅，現在絕對已經是過去之事了。各處都可看到潮流已經有了改變每一個人都忙碌着，本地借貸對照表上的紅字項目開始褪了顏色。中國國內終究是和平了，我們對於這個現象覺得非常滿意。

八月十三，星期五的下午，我在美國總會裏面聽到許多人都在談論着幾天前，在上海郊外所發生的一樁意外事件。一個全身制服的日本海軍軍官企圖衝入一個中國的軍用飛機場，因此引起衝突，他和他的日本汽車夫，還有一個中國的保安隊就在衝突中死亡。

總會裏對於造成這次意外事件的理由，有兩種說法：一說認爲這個日本軍官派來負有一種自殺的差遣，目的在惹動中國人殺死他，因此就有了一種正當的藉口，使日本的海軍可以更多的登陸，或是作日本海軍原來所已決定了的其他這種活動。日本陸軍在華北作戰，已經幾星期了，日本海軍一向是嫉妒陸軍的，現在一點得不到光榮和表彰。日本報紙用着大標題講到的都是陸軍。如果海軍方面容許這個狀態繼續下去，對於不久將在國會裏面討論的，擴充海軍經費的問題，就將發生嚴重的影響，因此海軍便急於希望加入作戰。這是少數總會會員熱烈爭論的意思，我們就借着一個興趣濃厚的午茶時候加以討論着，因爲所有上海的居留民都是一種國際的政治家啊。

另一說是比較可以自己安慰自己的。這一說是像我們這種曾經經歷過許多次戰爭的人所主張的，認爲這個小小的衝突祗是一次偶然事件的結果，日本人是可以容許中國人設法把牠彌補的，因爲他們希望把他們的不宣之戰祇限於北方幾省，讓國際市的上海保持和平，避免造成危險的糾紛。我們多數人都相信這一說，因爲這樣在我們便是安全，我們相信我們所希望相信的事。我們誰也不會知道，在那軍官被派着他的生命的差遣時，日本的艦隊却已在駛向上海的途中了；誰也不會知道，日本以兩個日人生命的代價，竟已造成了一個意外的事件，使他們在中國更進的侵略行爲，有了一個正當的理由。

在這星期之初，當華北戰事範圍擴大了時。上海美國當局就會預定了一些戰爭推近時撤退美僑的計劃　因爲我是一個龐大的分委員會的一個委員，所以我便被派擔任勸導住在我鄰近的美國同胞的工作。在這個區域中約包括四百人家，我的名單中包括多數美國耶蘇教教友，第七日耶蘇再來論者，北方監理教教徒，聖約翰大學教師，還有一批驚人之數的美國娼妓，再加上一些商人和職業者，便成功了上海美國社會的一個標準的橫斷面

這種準備並不使我們吃驚。以前我們曾經遇到過許多次這樣的事，過去二十年來，上海直是一個政治上的炸藥桶，許多次我們接到通告，準備收拾一個衣箱，設法籌措盤纏，預備一有通知，立刻離開上海。因此，當這個緊急委員會組織了時，我們照例把我們的區域分成一些較小的單位，每一單位選出一個領隊，就這樣的準備着緊急時機的到臨，但我們很少人想事情會得發展到這樣地步。從前曾經有過許多次警告，收拾了幾次衣箱，但始終沒有接到撤退的通知。我們老住在中國的人。對於少數從來沒有在中國經過一次戰爭的旅行家的急煞的樣子，從冷靜中感到有趣。

星期六晨，天剛破曉時，天空異靜朗而涼爽；在我們多數人心裏第一個轉到的念頭，就是想，我們又有另一個愉快的星期尾了，有着一個完備的運動的節目，包括一次非

常有趣的馬球比賽。直到後來，我們纔知道使這早晨如此涼爽的天空，對於空襲却是一種理想的環境。在我們還沒有把早晨的郵件答完時，戰爭已經光臨到我們的頭頂上了：在空中襲來了所有一種奇特的，新的死的恐怖——一種無法充分防備的機械造成的死亡。

假使我是親自當着這事件的舞臺經理，我連揭幕也得不到一個好好的位置。中國空軍第一次的活動是襲擊日本的旗艦　這旗艦停舶的地位，離我的事務所祇有幾百碼、炸彈爆裂　使所有的窗子都格格作響，有的震碎。高射砲的榴霰彈在我們週遭四散飛落，在下面街上死傷了許多人，你向各處一望，只見人們都在奔咆。獨輪車和人力車棄散街心，汽車得繞道駛過去。我們事務所屋子裏的一個司閽人把這些障礙物搬開了，隨着便仔細地把所有的窗戶關好，提防榴霰彈和機關槍彈。路上的人奔進屋子裏來躲避。屋子裏的人奔到外面去瞧究竟是怎麼一回事。第一次襲擊日本旗艦後，跟着又接連了幾次，每一次都沒有使這個破舊不堪再用的旗艦受着損害，祇有在一個廣大的面積裏造成了死亡和破壞。一位航空員把炸彈放下得太早了一點，結果在滙中旅館和沙遜旅館裏面，以及附近地方，炸死了幾百平民，包括美國人若干。據航空專家說，如果他再遲十分之一秒鐘推動釋勾機，或是如果沒有一陣狂暴的風勢，他的襲擊目標的船舶就準燬去了。

我的事務所實在是運氣好。在第一次襲擊時，炸彈落在北面不到二百碼地方 第二次襲擊時，他們炸毀了沙遜旅館，那裏離開我們祇隔一個小小的停車站。在這天日暮之前，幾百人慘死，幾千人受傷，天堂的上海市變成了地獄，人們就像一羣巢穴被擾的螞蟻，這裏那裏的興奮地奔竄。我們現在纔認清了祈禱書上的所謂暴死，從親友們生命的突然終止，可見這種暴死已經完全的降到了這個城市，感動了我們每一個人。

（二）

和多數在同樣環境下的大都市比較起來，我覺得上海是鎮靜多了。我們中間有人曾經從一九一一年的革命以來，做了最近中國歷次所有戰爭的觀察者。少數人還是拳匪亂時存下的人。一九三二年的日本之戰，差不多是大家都曾經歷過的。所以我們對於戰爭的可怕的聲浪早已聽慣，正像我們對於燃燒的屋宇，載滿了死傷者的貨車看慣了一樣。我們多數人對於辨別海戰炮，陸戰炮，機關槍，和戰壕臼砲的聲音都有專門的經驗，但是以榴霰彈足以散佈死亡於一個廣大面積的飛機炸彈和高射炮，却是一個不快的新經歷。戰爭限於陸地和海面時，要避免危險就比較容易，並且還可以在戰場的圈邊……觀我的確會在中國許多次戰爭中作……壁上觀，始終沒有感到我是冒着任何特殊的危險。然而高射砲的榴霰彈在天空中爆炸，像降雹一樣地把死亡分散在所有下面的人裏，却完全是另一回事了。榴霰彈擊破了我屋面上的一些瓦片，美國人屋面上瓦片被擊破的；我還祇是許多人中間的一個，這種危險的地步就不安地和我接近了。

在街上的屍體還沒有搬淸之前，發生了許多事情，其中每一個事件都足以擾亂任何大城市常態生活的過程。特別服務周到的自動電話繼續有效能地運用着，雖然每次電話所收的費用很貴，但當我們在聽筒勾上取下聽筒後，往往就得等待十分或十五分之久轉動撥表規。煤氣蓄氣槽因爲害怕受到空襲的緣故，已經關了起來，一般靠煤氣烹飪的人，就祇有向中國僕人借來一些小炭爐。我們有一個朋友在一個電爐上烹調，結果非常滿意。牛奶也不能照常供給了，上海一家最大的農場，一個美國人的企業，有四百隻船來的乳牛，正在戰區裏面，誰也不能去飼養那些牛隻，牠們就奔散到田地裏，自己去尋食。日本的航空員用機關槍把牠們打倒了，官方的解釋說，航空員把牠們誤認了是中國的騎兵。

出差汽車不再應召而來了，因爲一有空車回到車站裏，立刻就給占據了去。人們希望得到一輛出差汽車，唯一的辦法就祇有走到一個汽車站裏，或是先坐人力車到那裏，然後等到一輛空車。如果你在銀行裏有一筆相當巨大的存款，那也沒有多大用處，因爲你所能夠提取的不能超過百分之五。有些店主要求現款交易，卽使對老顧主也是如此。其他店主得到一個結論，認爲與其有了存貨而給放火焚燬，或是給盜賊偷去，寧可得到一個賒賬的機會，因此並不提高價格，慫恿他們的顧客多買一些。小額的貨幣突然的，不可解的不見流通了，最初是小鎳幣，隨着是一和二角的紙幣。許多老居留民破天荒和洋車夫論價。如果在你的袋裏祇有一元鈔幣，一個聰敏的辦法就是探詢你從車夫的口袋裏可以兌到多少錢　我所遇到的一次最得意的交易就是以平時一角錢的車價付了六角錢，找回四角錢。後來我遇到這同一　車夫，撞巧我身邊沒有錢，他讓我免費坐了一次。漸漸的，現款的取得變得格外困難，我們就把所有的錢和朋友們分用，空着口袋走出去還是一個新奇的經驗，然而一個中國的販報童子可憐我的窘態，却送給了我一份報紙。

洋車夫賺了許多錢，但我想誰也不會嫉妒這點，平常他們不顧太陽和雨，這時他們也不顧飛機和榴霰彈，怡然自得的拉來拉去。中國人繼續做着他們每天常例的工作，彷佛這是一種神聖的宗教儀式似的。我絕對沒有聽到僕人逃難的事，雖然他們中間許多人都在危險之中。在南京路外灘轉角上炸斃了幾百人的那個炸彈把沙遜旅館所有的玻璃都震得粉碎時　救護車還沒有趕來收拾死傷者之前，旅館的茶役已經在忙碌整理應接室了。幾天後，當我們正在把傢具搬開預備儲藏起來的時候，在百忙碌亂中，家裏的僕人還是堅決地在擦亮那珍貴的烟灰盤，這是過去十二年來他所當心着的一個物件。老阿媽架上了她的眼鏡，在我的短統襪上找尋破洞，預備補綴。那廚司一向是不肯多化力氣的，却也自動地高興起來，在誰也不再想到食物的時候，做出了一餐特別精緻的午餐。掃街的苦力照常工作，掃起了許多榴霰彈的碎片。

總領事會經通知我們說，到了危險急迫，婦孺應該離開的時候，他會通告我們，然而我們也等不得正式的命令了。空中飛來的橫禍就在我們的周遭，顯而易見沒有一個人是安全的；幾百人已經給一陣突然的，意想不到的閃電轟倒了。據傳來的消息說，因爲某種緣故，中國轟炸機第一次既沒有把日本旗艦擊沉，以後就不預備襲擊了。誇張的日本的報告又在發出了誇張的報導，據他們說，所有中國的轟炸機都已擊落了、然而牠們又三隻到七隻結着隊一再地飛回來了。

離開上海，誰也不用勸導！唯一的問題祇是預備船隻、載運那些可能離開的人，於是匆匆地接洽好了幾艘大來郵船，像渡船樣地，載滿了難民，在上海和馬尼剌之間，穿梭樣的來去。同時英國的船載着英國的人民到香港去。一星期內，五千餘英美居民，其中大半是婦孺，已經匆匆地，窘迫地登上船，撤退去了。

這並不就結束了難民的逃亡，每遇有一條船要駛出，官方便格外堅持着要求我們避到一個安全地方去，因爲死亡的紀錄，每天在增高着，並且一天一天的過去，美國人留在這裏的需要也一天一天的減少了，因爲經過了那一個悲慘的星期六，我們的商業已被破壞，沒有一點生意可以做了。一般沒有充分理由而留着的人祇有不必要的增加了美國軍官所擔的重任，並且更多的强占了有限的糧食供給。我和我的妻等候了差不多一個星期，纔趁着第三趟的難民船到馬尼剌去，所有傢具也沒有包紮，也沒有登記，就匆匆的藏了起來，包括許多家用的貴重物品，我們知道，這些東西，我們是不再能重新看到的了。

我們所遇到的一個最爲難的問題，就是和僕人離開，從中國的習慣講，我們承繼給了他們，做了他們家庭裏的家族。一方面他們的責任是在當心我們的安適，同時我們的責任也應該供他們以安適，然而現在我們却就要撇開他們，把他們交托給他們的運命，那當然是祗有使他們挨餓，貧乏，再說不定是死亡。大半外國社會人士既然都已離開上海，他們就沒有在別處找尋工作的機會，並且所有他們的親友都已處在同樣的景況中。我和我的妻把這問題討論了一番，决定我們所能做的唯一辦法，就祗有給每人少許現款的餽贈，至少使他們在過後幾個月內不致感到經濟上的困難。但當我走到銀行裏去提取一些現款時，我却受到了嚴酷的限制。我祗有一小筆存款，因此我祗能提取一小筆錢，這在我並不是一個新的經驗；然而現在有了一筆較多的存款，亟需應用，却祗能提取少許之數，却是一個新而又十分反乎常態的經驗了。我所能提出的錢祗夠付給當月的工資，照上海人的習慣，一個僕人解雇，他應多得一個月的工資，我也無力付給他們了。況且我們的僕人都已跟了我們七年到十二年之久，他們所應得的更該多些。

我們並沒有比較好一點的東西，我們就把屋子裏的東西送給他們——磁的和玻璃的廚房器皿，電扇，傢具，以及所有花園的設備。西崽錢得到了許多東西，包括一套全世界收集得最完備的安全剃刀。園子裏有一架很值錢的石燈籠，但因為那是日本式的，誰也不願拿牠。連那最貪婪的苦力也不要牠。我們送給他們的東西，在平時都是很值錢的，但是在一遭受了戰禍的城市裏面，却就什麼價錢都賣不出了。幾擔米是要比較有價值多了，我們却無法送他們。我第一次纔感覺到了窮困羞人的意思。

他們對我們還感到非常憐惜呢！我們要離開到一些陌生的地方去了，誰來照顧我們呢？誰來洗濯密西的絲襪，接應電話，當心她的屋子，使得一塵不染呢？當我經過一次長時的散步，疲乏地歸來時，誰給解散鞋帶，套上我的拖鞋呢？他們恰像一羣熱情的孩子對於一對老年無援的父母一樣地焦慮而掛念着。我們計劃着留在這半空虛的屋子裏，挨到接得通知登上難民船去，但過了半天功夫，我們祇有取消前議了。僕人們的失望和毫不自私的心理使我們感觸得非就離開不可，不然或許就會害起歇斯的里亞症了。因此我們就避到一個朋友屋裏。第二天淸晨，錢給我們送來了一塊錢鷄蛋，因爲他聽說這裏正短少這東西，他擔憂着我們的早餐哩。這是他從自己可憐的少許財產裏拿出錢來買了，還走了四里路程送過來的。阿媽給我送來了一雙留在家裏的精細補好的短統襪。

（三）

因爲這時正在暑假期內，許多上海本地人都到牯嶺，莫干山，北戴河，以及中國其他海濱避暑場所去了。本地的無線電臺立刻就充滿了這些人的私人信息，因爲他們已不能把這種信息從旁的方法傳達到了。當數千聽衆正在傾聽着的時候，斯蒂甫切實告訴娥爾迦說，他在北戴河，人平安，現在正寄出一張匯票，給她送錢來了。亨利在青島播音給瑪麗，要她趕快就到神戶去，在那裏等他。上海巴斯克回力球員切實告訴他們青島的同伙說，他們大家都很安好。美國總領事勸告所有在莫干山的美國人，叫他們目下仍舊留在那裏。英國總領事敦促所有埃及和伊拉克人民趕緊和領館當局接洽，準備攜帶一隻衣箱，撤退上海。無線電播音給瑞典人，丹麥人，荷蘭人，葡萄牙人，和意大利人，指導逃難的場所，特別是輪船開行的日期。前西班牙領事，他現在雖然已經去職，却還設法把他的國人組織起來逃難。衹有大批白俄人民沒有無線電播音給他們，因爲他們已經否認了對於蘇聯的國民義務，而是眞正的亡命者，沒有國家可以給他們庇護或保障了。

護生會幾番廣播。請求逃難者切勿遺棄[illegible]們的寵愛的生物，結果有十餘條可愛的名犬送到了獸醫院裏，使他們的生命儘 能沒有苦痛地結束掉。

這些悲痛的報告，一小時接着一小時的用了單調的低音播出，在間隔的中間，無線電臺奏出了留聲機的唱片。電臺經理的確有着非常高明的識力，他丟開了悲哀的唱片，我們傾聽着『快樂日子』，『木頭兵』，以及其他一些愉快的曲調。在戰壕臼礮突然的轟響和野戰大礮的雷鳴之中，我們聽到一個活潑輕快的聲調，催促我們『包起我們的煩惱』。寫來作爲娛樂和安慰聽者的音樂，現在就更見有效了。『凱朵璣老家』或是其他任何悲哀的樂曲，對於緊張過度的神經是不堪忍受了。所幸是過了許多天後，日本總仔細地想出了一個念頭，用他們的更有力的電臺代替了同樣的波長，把所有當地的無線電播音都一網打盡，加添了這個城市的紊亂和恐怖。

在我們周遭的就是繼續增長的緊張的悲劇。然而生活上應做的事還是沒有忘記。一個洋車夫因爲有一顆榴霰彈在頭頂上爆炸開來，驚惶地衝過了一個交通燈。一個印度巡捕在他後面追過去，預備抓住他，可是那榴霰彈擊破了他的腦蓋，他的屍身晃了晃，撲倒在車夫的身上。在五分鐘內，那巡捕的屍體搬去了，另一個巡捕又在他的地位上接了差。在美國總會的屋面上，有幾個會員瞧着一個女人正在附近一個屋面上曬東西，他們看到她縐起了眉，跌落街頭摔死。甚至死亡本身也變成了一種例行公事，我們對於斷殘不全，暴露未葬的屍體也如司空見慣了。

全市各處起了火，消防處照他們常例的措置，趕到着火的地點去，做着損失的報告。一般計劃趁下次船離開上海的太太們瘋狂而癡怒地要求裁縫趕成他們所做的衣服。一個紐約的新聞記者結了婚，婚期是早已決定好的，戰神也無法干涉風流的韻事。哥倫比亞野總會裏有幾次的勃立琪（bridge——一種紙牌戲）日期取消了，但並不很多。一條美國船因為受到了礮火的威脅，沒有得到尋常正式簽證，逕開到了哈瓦那（古巴京城）去，使古巴副領事感到了非常的激怒。威斯忌消耗了許多。一個人要使神經鎮定，就必需少許喝一點酒，像這樣一個奮激的時候，要把剛好和太多的界限分劃清楚，卻是絕對的難事。酒精對於人們有一種新的功效。在一種老酒鬼裏面，有種人喝得兩三杯就有些醉薰薰」，有種人却整天喝着，祇像沒有節制的消耗清水一樣並不發生一點影響。當日本人占奪了唯一英國人的釀酒廠時，在上海總會裏就會引起了一陣驚慌，會員們繼續不休的談論着這事件，直到一個比較重大的謀害英國大使的事件發生，纔把這事件擱開。不久，釀酒廠和日本軍官訂結了一個合同，他們可以免費去喝啤酒，同時對於一個規定數目的運酒車擔任保護之責。

有了賠款竟使我們忘記危險了。我們天天瞧到的空戰景象，我實在想像不出什麼東西，它那樣的驚魂動魄。中國的大轟炸機在高空中突然出現，日本的遲鈍的水上飛機，匆匆的避到了安全地方去，或是躲進一塊雲朵裏。接着便是高射砲的尖銳的『篷，篷』之聲，榴霰彈爆炸開來，形成一朵朵小小的烟球，飄浮在半空中。跟着是一個巨大炸彈擲下爆炸時的雷樣的震響。在任何一處地方瞧着這些轟炸機的飛行都是含有危險的，然而我們依舊還是瞧着。甚至在一顆榴霰彈擊中了我們的屋子時，我還是忍不住要走到外面院子裏，在飛機飛臨我的頭頂時，伸起了我的頭頸，雖然我對於阿媽的仰望飛機，就會沒有理由的發起火來。

然而使我們氣質毀喪，思想變得麻木的倒不是榴霰彈爆炸或是炸彈落下的危險，因爲我們正歡迎這些危險，牠們倒可以略微蘇解了我們的緊張情緒。但是我們看到了街上充滿了中國的窮苦難民，抱着可憐的包裹，無目的地走着。從舊的危險和不幸中逃出，再去迎着一些新的危險和不幸——一種沒有一定目的地的艱苦的長途旅行的景象，就使我們的心腔，緊張到了碎裂的地步。絕望，無援，沒有保護，但是他們還用着忍受貧困和飢餓的目標精神，維持着鎮靜的態度。

（四）

第一條難民船祇載婦孺，老年人和病人，有一個極有地位的美國人偷偷混上了船，以尋求安全——和不名譽。第二條船也是載運女人和小孩。還有少數男子。第三條就是我和我的妻所趁的，載着一千旅客到馬尼剌去，其中約一半是男人。

下午五點三十分時，一個無線電播音通知我們說，開船的日期提前了，必須在次晨七點三十分上船。我們有些衣服還在我的事務所裏，離開六里路程，就像通常一般頑固的男子一樣，我却不願因此麻煩了。就連那件我所非常自傲的新的駝毛大衣，也打算把牠留下來了 然而當我正在做着別的事情時，我的妻僱了一輛汽車，她把所有的衣服裝進了兩個皮包裏，看到這兩個皮包，可以證明、就是自然會受到了一個伶俐而堅决的女人的攻擊時，却也必須屈服了 我們和戰爭已經感到調和了，整夜轟動的礮聲，我都沉沉的熟睡着沒有聽到。天剛黎明，我們就趕着車經過一些陌生的街道，店戶都關着門，上着板，沒有電車和公共汽車。幾輛貨車裝滿中國的傷兵，正將送進一個已經擠滿了的醫院裏去。在南京大戲院附近，我們看到六十具棺材，一堆堆在抛下的家族正在搜尋着死者的顏面。清晨的鮮明的空氣沾污了死的惡臭。

我們到了碼頭邊，但我們的冒險事業還沒有完結。領館方面已經和中國當局談妥，在我們趁小汽艇到停泊在約十六里外的胡佛總統號中間的時候，不施襲擊。汽艇在碼頭上就擱了一些時候，九點半了，原來這時我們應該可以安全地離開了危險的，就是一隊中國的轟炸機在碼頭上空出現，我們却還在碼頭上等待上船出發。榴霰彈在半空中爆炸着，一陣微風吹過，一堆堆的小煙朶變成了一片片飄長的灰色的流光，在太　裏面映成彩色，眞是一幅美麗的景緻啊。中國人習慣，常用連串的鞭炮歡送朋友，我和我的妻就把這東西看做是歡送我　的鞭炮　實際上這的確不過是這樣一回事；因爲沒有炸彈擲下，也沒有發生不幸事件。有一些榴霰彈碎片在我們中間散落下來。不過沒有傷人。我們的人太多了，一條汽艇裝不下，因此兩艘美國的驅逐艦 Edsel 號和 Parr t 號，也就權做了客船。汽艇上面的設備比較舒服得多，因此頭二等客搭汽艇，我們買三等票的就趁在一條驅逐艦上，倒也舒服自由　等到我們大家最後完全走上了胡佛輪船時，已經是正午了　天氣並不熱，而是我的衣服都全給汗濕透。船上的磅秤指出，不到一星期功夫，我已減去了七磅體重。我一定是受了刺激而神經衰弱了，雖然我一點沒有感覺到。就是在輪船駛出之後，許多時候，我們還是不能完全忘却了上海的恐怖，到了夜裏，我們還看到半空中的燭天火光。

魔手下的上海

救亡出版社刊行

星人編著

魔手下的上海

上海救亡出版社刊行

1938，1，10.

目次

魔手下的上海

一　上海是中國的上海

上海，一向是被認爲在外人勢力保護之下的。英美法當局向來以上海這一個國際商場的法律和秩序的保護者自任。而一部分有奴隸根性的中國人，也居然深信不疑，以爲租界是外國人的領土，租界內的華人，是倚靠外國人保護生活的。

俗語說的好：路遙知馬力，日久見人心。上海是中國人的上海呢，還是外國人的上海？國軍撤退以後的許多事實已經證明着了。十一月十二日中國軍隊最後從南市撤出之後，公共租界和法租界內的情形，起了極大的變化。日本強盜已經不再把英法在租界內的統治權力，放在眼裏。松井向外報記者傲慢地宣稱：『我是上海的主人。』這一句話表明，中國軍隊撤退以後，大上海連同兩租界在內，已經完全在日本強盜劫持之下。上海的主人，不是英國人，不是美國人，也不是法國人，而是日本強盜了。

自然遭了盜劫的眞正的大上海主人——我們中國人，不承認日本強盜作新主人的。但是向來自命爲法律和秩序的保護者的英國人，美國人，法國人，他們又怎樣呢？他們却只好向這位「僭竊」的新主人屈服。國軍退出之後，租界當局首先就默認了日軍在蘇州河運兵的權利。隨後對於日本干涉租界內行政事務的一切舉動，都似裝作不知道。對於在租界內居住的中國非戰鬥員，政府機關的官員，租界當局只好請他們出境，一點保護的能力都沒有。這樣，日本強盜還不能滿足，到了十二月三日，日本強盜的陸海空軍，竟配備全付武裝，通過公共租界的中心區域，遊行示威，慶祝侵略戰爭的勝利。並且使出日本強盜慣有的一套把戲，故意在新新公司門前，拋擲一枚手溜彈，藉此抵賴，武裝佔領南京路，至九小時之久。在這中間，到處搜查租界內店鋪住戶。在遊行隊經過愚園路的時候，並且無故捕去了一名中國工人，至今並無下落。到了十二月六日，居然派出便衣隊，在公共租界警權保護下的大東旅館，公開逮捕中國人。

日本強盜這一些行爲，並不是對於中國人的侮辱，而是對於英美法國人的侮辱，對於一切法律，秩序，正義，道德的侮辱，這原是日本強盜的專門技術。但是所謂「租界的中立」到了那裏去了呢？「租界的治安和秩序」又變成了怎樣呢？以保護上海商場日本的外國當局，他們的權威和體面，丟到什麼地方去了呢？

但是我們決不反對租界當局，我們決不抱怨租界當局。相反地我們倒是十二分同情於上海的英國人，美國人，法國人，因爲他們也和我們中國人一樣遭了日本強盜的侮辱蹂躪。雖然有一部分被日本強盜收買的外國流氓像「木頭」伍特海之類，老著面皮幫助日本人說話，但是我相信大部分明白事理的西洋人，一定都在後悔：爲什麼以前要讓日本強盜拿虹口租界作爲進攻中國的軍事根據地呢？爲什麼各不聯合起來，制止日本的強盜行爲呢？爲什麼租界當局以前要向日本強盜步步退讓呢？

我們的外國友人後悔已經是太遲了。但是我們中國同胞——上海的眞正主人——却一點也不後悔。我們知道上海是中國人的上海。上海是靠中國人自己保衞的。國軍退出之後，上海在軍事上暫時失守，這原是在我們意料中的。我們準備長期抗戰，本來早就打算放棄沿江沿海的城市。保衛大上海的戰爭，支持了三個月，這倒是出於意外的。但是國軍雖然撤退，日本強盜雖然在名義上佔領了上海，可是他所得到的只是南市閘北浦東的一片焚餘的焦土。三百萬上海市民是都不甘心做順民的。只要上海人不做漢奸，不做順民，上海還依然是中國的上海。

中國軍撤出以後，日本強盜以爲大部分中國人要投降他。但是結果許多人甯願留租界忍飢受寒，却不願意受日本人的招撫，回到近郊的家鄉去。日本強盜要在上海馬上成立地方維持會，可是沒有一個像樣的中國人願意做傀儡。上海許多聞人，向來只知迎新送舊，並沒有一定的政治立場，但是這一次却一致反對和敵人合作。他們甯願離開上海，決不投降敵人，這總算是可以敬佩的。最後日本強盜雖然找到一個姓蘇的小流氓在浦東濫泥渡，成立了一個僞大道政府，但是這不過是又添上一個國際笑柄。這樣的傀儡組織，是連傀儡都夠不上的。

日本強盜自稱要和中國「合作」而向中國用飛機大砲進攻。但是進攻的結果，中國人到底有沒有和日本強盜合作呢？不，甯願餓死，甯願凍死，中國人是斷不認賊作父的。日本強盜去接收中國電報局，中國電報局全體員工，都一律自動退職，各局一律關門大吉。這一件事增加了中國民族無上威光。日本強盜要接收郵局，接收海關，也引起了郵局海關華員的憤慨，有許多人甯願犧牲飯碗，而不甘心在敵人支配下苟活。十二月三日，日本軍隊雖然在公共租界示威，誇耀他自己所謂「勝利」，但是遊行隊所經過的地方，中國店鋪一律關上牌門，馬路上沒有一個閑人。在虞洽卿路上中國工人楊劍萍跳樓自殺，大呼「中華民國萬歲，」這雖然只是消極舉動，但是中華民族精神却從這裏充分表現出來了。

我並不是說在上海市民中間，沒有一個漢奸敗類和動搖分子。因戰區內民生問題的不能解決，被敵人麻醉收買的無知識同胞，還是多著。而最痛心的，一部分有識有地位的人，於國軍退出之後。依然紙醉金迷，歌舞昇平。一部分文化界也開始有動搖的傾向。上海的報紙除幾家毅然決然停刊以外，其餘的大報，言論態度逐漸軟化，甚至把「敵軍」改稱「日軍」。這原無關重要，但要是負指導輿論責任的報紙。立場不堅定，現在可以改稱「日軍」，將來未始不可以再改稱「皇軍」，至於有幾家報紙居然登日本廣告，尤其是可恥了。

但是就一般地說，漢奸到底不敢公然露臉，而文化界也還是不屈不撓，保持民族氣節來的多些。這都是由於過去幾年來上海這一個地方民衆救亡運動的效果。現在我們應該繼續不斷地，加緊救亡運動。消極的提倡民族氣節，提倡和敵人不合作。積極地出錢出力，擁護政府，支持抗戰到底。這樣卽使有少數漢奸，決不能把整個上海向敵人出賣。卽使有少數人動搖，也決不會動搖大局。大上海的市民，大家準備喫苦，準備挨餓，沉著奮鬥，催速最後勝利的到來，幫助國軍收復上海。上海到底是中國的上海。至少我們也要有這樣的自信。

二　日寇摧殘租界內我政府機關及愛國運動

自從我軍因戰略關係，暫時從京滬路向西撤退以後，上海四週完全在敵軍控制之下。因而其獸行也越異囂張。遂於廿六年十一月二十日，松井代表日武官原田，曾訪問公共租界工部局總董樊克令傳達松井意旨，要求租界當局取締中國「共產黨」及

「反日」份子在界內活動。幷聲稱日軍保留採取緊急處置權利。據悉日駐滬總領事岡本亦曾訪問樊克令提出下列各項具體之要求：

（一）制止反日活動，包括（A）解散國民黨等一切團體。（B）取絡傳單，標語，小册子，書籍，演劇等宣傳材料。（C）取締無線電廣播宣傳。（D）彈壓中國「間諜」種種活動。

（二）嚴密監視中國黨政官員活動，並驅逐中國中央及地方政府機關及官員出境，引渡由閘北南市退租界之中國士兵。

（三）取締中國當局對郵政電報之檢查。

（四）取締中國當局對中國報紙之檢查。

（五）取締中國私人無線電交通。

又據日本使館發言人（在十一月廿一日下午在外藉記者招待會上）宣稱：日人對於在英法兩租界華人之行政，將實行干涉。工部局方面，因爲洋涇浜地皮章程之限制，對於華人在租界方面之行政，向無關連；但自日軍佔據楊子江下游以後，情形已非昔比，現日人已準備將租界方面中國之行政權，取而代之。此種行政權乃包括中國海關，郵政，電政，法院及其他行政機關。海關原屬中國政府方面之機關，對於任用外人及將海關收入用以抵付借款等項，尙須特別考慮。對於郵政，因公衆之便利所繫，日人暫時不欲干涉。至於電政及法院，日人雖有是種權利，但暫時尙不欲實行云。

據日本同盟社發出消息稱：謂『日本駐滬當局，爲謀達此目的，曾爲種種之努力。關于上海公共租界內排日抗日之取締彈壓，曾屢次喚起租界當局深切之注意，並要求與日本協力善處之。惟租界內取締之成績，由日方看來，顯有霄壤之別。』並謂，『租界當局若仍輕視如斯理由，依然敷衍塞責，拱手而無較大之活動，則非常識所得想像，萬一若有斯事，則日本陸海軍將依其所信之爲是者，由獨自的立場，關于本件，或不得已而不得不採取適切之行動也。』

廿七年一月四日，敵方又向工部局提出三項建議。內容：

（一）要求工部局增加警務處日本職員及改善待遇。

（二）要求工部局委任日籍人員，担任工部局各項行政要職。

（三）增加工部局日本職員。

日方代表與工部局當局晤談時，日方代表曾指出「日本或出於不得已而採取一種步驟，以便搜查反日份子，而將其逐出租界』。日本代表於提出三項建議以外並附帶要求工部局警務處當局（一）採取適當步驟；（二）取締反日份子，（三）嚴格統治反日報紙。

這些要求，是日方對上海公共租界所提出之要求。

× × × × ×

自敵軍佔領上海四周後，十一月十二日工部局總裁費惇信對記者發表談話謂：『渠信工部局對日本軍事佔領毗連租界的區域，將採取排難解紛的政策。日軍雖已佔領滬市，惟不致有干涉工部局行政之企圖。工部局現正竭盡全力保持中立態度，吾人對過激的團體，尤其關於散貼反日傳單等行動，當盡力使之納於正軌。記者詢以工部局如中日雙方宣戰對租界有何影響？費氏答謂：此爲國際而非純粹地方問題，在目前環境之下，日本殊無干涉工部局行政的理由。費氏繼於答記者另一問話時，謂：松井十一日發表說話中所述及的海關問題，與工部局無直接關係。費氏又謂各處難民現蜂擁入租界，界內防禦問題已設法新佈置，工部局在旣往輒能保持界內治安秩序，則此當無不繼續的理由。至松井說話表示租界過去未能充分合作一層，不能贊同，吾人與日人間極少磨擦，凡遇任何問題發生時，吾人輒以坦白的態度與之談判，並以最敏捷的方法予以處置，一俟局勢澄清後，工部局當局當無不能担任管理蘇州河北岸的理由。費氏結論謂租界在政治與法律方面均與前無異。』

但是公共租界當局，自從上海日軍司令松井在十一月二十日向租界當局提出五項要求以後，租界的當局，卽在十一月二十二日，召開臨時董事會議，討論應付日方所提要求，有所論議，但外間不得而知其究竟。惟字林西報十一月二十二日社評稱：目前工部局總裁正在與日軍及領事館當局進行商談，一種暫定的條約或將成立。最近據哈瓦斯華盛頓電，美國國務卿赫爾，向當地各報記者發表談話稱：公共租界工部局當局，已與各關係國總領事直接磋商，日本方面所提各項要求，除關於中國海關一項不在工部局職權範圍之內外，其他各項，均已應允酌辦，日本軍事當局已表示滿意了。

如果這個消息正確的話。則日本所提的五項條件，工部局則能否維持中立的態度。更可在事實上，我們可以預料得到。

十一月二十二日工部局董事會發言人對大陸報記者談話，更值得我人注意，現照錄于下：

『關於日本要求制止公共租界內反日團體和活動事，因中國軍隊撤退所引起的形勢，和日軍的佔領上海租界四週，工部局已決定令公共組界警務處今後盡可能實行日軍司令松井代表向工部局提出的五項要求，發言人又謂：上海現旣爲日方軍事佔領，工部局對反日活動如不加以制止，日方可以在公共租界內爲所欲爲。故公共租界警務處方面須實行此項要求，以使日方無「自由行動」的必要，記者詢以日方要求驅逐界內中國政府機關及官員出境事，該發言人答稱：在非常情形之下，工部局雖無權請界內居民及團體離境，以應日方的要求，但工部局將建議界內若干人之遷移云。總之，日方所要求離境人士，非遵守工部局忠告而自動離去，恐自爲日方所驅逐。發言人不信日方將實行軍事佔領應行的種種步驟，發言人末稱，日方旣爲公共租界之一份子，工部局除實行日方要求外，固無可如何也，在此種情形下，惟盼界內中國居民努力自制，與工部局合作耳。」

最近幾天據我們所知道的，反日的刊物，書報，小册子，已絕跡于文化街頭，各報攤上呈着十二分的凄涼景象。日軍取締的抗日團體等，也都自動的解散。再如中央通訊社，立報，救亡日報，抵抗三日刊等，也不在上海發行了。申報，大公報等也被迫停刊。至于我政府留滬的要人，宋子文氏，和俞鴻鈞氏也都離開上海。交通部上海電報局，國際無線電台，也被日方接收，新聞檢查所也停止工作，故華府傳來日軍滿意的消息，更有事實可以使我們證明那消息是確實的。

三 暴行記

瘋狂的日寇於上海我軍退出後，更施用種種兇暴陰險的手段，一方面更加緊破壞我國各行政交通電訊機關，屠殺我無辜同胞，同時也想藉自己造出來的陰謀事件，而欲佔領公共租界，今將月餘來的暴行事實，略述於下：

十八日下午四時半。敵方派員由工部局警捕陪同前往靜安寺路五九一弄交通部上海電報局，麥根路，新閘路，發報台及沙遜房子，斜橋弄，廣播電台，張貼布告，謂已接收，嗣後電報須經日方檢查，方准收發等語，該局被迫，不得已停止工作，故自十八日晚十時起，所有本市與全國各處之公衆電信交通，已完全阻斷，目前祇大北，大東水線電報，尙照常收發，內地電報，必須由香港轉達，惟亦頗費周折，此事不但使上海與全國各地失却聯絡，卽本市外商方面，亦頗受損失。

二十日。敵兵七八十人，於午後二時半分乘汽艇數艘前往江海關停靠後，卽持械躍登各輪，監視全部船員，不准擅離，當時各船員因事出意外，故除少數乘隙逃脫者外，大部被羈留船中，敵兵旋卽在各輪扯懸太陽旗，勒令升火開駛，至晚將江海關濬浦局及水巡捕房所屬之大小差輪三十餘艘，集泊於漢口路外灘江海關碼頭之南全部爲敵軍劫持以去。

十二月三日上午十一時。大隊日軍約六千人，包括步兵騎兵砲兵工兵輜重兵等，由滬西中山路豐田紗廠，列隊遊行至虹口，事前公共租界警務處方面，曾在日軍經過地段，予以充分戒備，禁止車馬通行，並嚴阻閒雜人等在附近里弄間停留，故當時所經各地段內，完全沉寂，巡行日軍，係行列式，三八一排，由日軍上級軍官爲導，隨後首爲步兵，而以騎兵殿之，所有日僑咸手持太陽旗，在隊後附隊而進，同時另有日軍飛機五架，在低空盤旋，掩護行列。

下午一時四十五分，行至公共租界中心南京路廣西路轉角時，忽有韓人一名擲一手溜彈，傷日兵三名，擲彈者爲巡捕當場開槍擊倒，又外國警官一員亦受傷，一時形勢頓見緊張，日兵皆上刺刀，日騎兵展開入橫街搜查，道旁觀者皆驚亂四散。

日軍官數人於出事後，二分鐘內，首先趕到，且有武裝軍車三輛，隨後到達，數分鐘後，卽指派步兵七十餘人，與若干機械部隊，由軍官數人指揮，留守出事地點，其餘行列仍舊前進，日兵哨線內之房屋，均被挨戶搜查，又中外人亦被檢查，而由工部局巡捕送出哨線之外，當時哨線愈佈愈廣，中外人有不知而越過者，皆爲日軍官與哨兵毆擊，外人中且有德人與美人數名，當時雖英兵一隊，亦被阻於哨線之外，英軍官之乘汽車者，與警務人員之乘機器脚踏車者，亦被阻止，但至垂暮，日兵已乘工部局警務處供給之汽車，陸續退至虹口，因是案已澈查告竣，當日軍遊行隊伍自愛多亞路轉至虞洽卿路時，大世界對面紅錫包香烟廣告牌上，適有工人四名，修理廣告電鐘及霓虹燈，工頭楊劍萍三十二歲在木架上面，見日軍武裝經過，氣憤塡膺，精神失常，狂呼「中華民國萬歲」，旋卽自上面跳下自殺，跳樓之後，當卽跌破腦殼及股部，血流如注。唯時日軍正在整隊進行，捕房人員不便前往施救。約隔十餘分鐘，經成都路捕房探捕趕到救護，已傷重斃命。又一華人，在愚園路衝入日軍遊行隊中，爲日軍拘捕，拖入汽車，急駛而去，至今不知所聞。

又英國律師米特倫，年五十四歲，寓滬多年，甚有聲譽，今日在南京路觀日軍遊行，有日浪人一名臂挾太陽旗一束，見其國人，卽授以一面，旋復取一面強納米特倫之手，希望其加入慶祝，米氏取旗後，卽默然在其膝上折斷之，該浪人見而大怒，是時有日軍官一員趨前欲與米氏爲難，米氏雖善於詞令，但不欲多費唇舌，卽報以老拳，正在生命可危之際，幸有工部局警官一員馳至，卽拘米氏入汽車，載送巡捕房。

七十三齡美國老者李德氏，今日下午在西藏路與日水兵八名博鬥，內有軍官三員，李氏曰，余如守法美人，且有權利與自尊之性，靜然行於道中，忽來日哨兵一隊，其中軍官一員推余之背，口出不遜之言，余平生未受此待遇，故余舉拳擊中其唇，該軍官乃指流血處示其他二軍官，於是復有一人向余奔來，余乃擊中其鼻。至是諸人一擁而上，羣擊余首，余未受傷，但余之眼鏡巳深陷矣，惟玻璃未碎，彼等且拔手槍。惡遇途中諸外人，字林報之赫煦氏，亦爲被推者之一。

十二月五日上午十一時曹家渡五角場五卅書店職員朱林榮，突被日兵拖上日本軍用汽車疾馳而去。押於日憲兵司令部，經盤問一小時始釋放。

本月七日早六時半南京路上突然駛來日本軍用卡車二輛滿載全副武裝之日本憲兵及身穿便服而攜帶武器之日人，全數共十二名，往英華街永安公司大東旅社，逕登三樓，各出手槍，形勢甚爲嚴重。該日兵等即往三百零九號及三百十四號房間中搜查，其時兩室中各有寓客兩人，彼等皆爲經營布匹之商人。當日兵進室內時，此四旅客皆在睡夢中，突被捉起，不准加穿外衣。故諸人均瑟縮驚駭，經搜查後，何無所得，即將四人帶至日本司令部詰詢一番，又在各人身上搜查一次，並攝取照相，約一小時始行釋放。

九月沸曉四時許，有日兵三十餘名乘卡車至滬西極司非而路嚴春堂家抄查，結果一無所得，直至八時將嚴及家屬男女用人，計六人押至司令部。經個別詰問後，五人當日釋放，嚴本人約十餘日才放出。

十一日下午南市難民區，被日兵包圍，挨戶搜查，將服務於天主教堂所設學校之中國教員三名捕去。至今並未聞得有恢復自由之消息。

十三日晨五時許有日兵十餘名，將滬西文光小學校，教務主任，教員，茶房，二房東等四人拘去。房東一時後釋放，三人未放出。是日下午日兵入難民區，挑擇年紀二十至三十歲之壯年難民數百名，用卡車載運而去。

十五日上午九時，日兵多名，攜帶小鋼炮，機關槍等武器，將難民區全部包圍，分發黃色衣服，令十萬難民穿着，押往日方所設收容所。

十八日晨，日軍用卡車四輛，將麥根路中國電報局全部機器運去。該處雖爲美軍防區，經美軍嚴重交涉，但也不能制止。

二十日下午三時，愚園路華華中學，有著中裝中國人一名，求見該校音樂教員田梨在宿舍互談約十分鐘後，田親送來客至校門口，突由路旁躍出便衣日人四名，將田逮捕，押上汽車而去。三刻鐘後又來日兵十餘名，在宿舍內嚴密搜查，但無所獲。

又同日四時在曹家渡，開設竹行之上海人鄭連坤也被日人捕去。當地商店已聯名向日方呈請保釋，但至今也未聞釋放。

以上不過是作者個人所知道的一個大概。其實類似的，而且更卑鄙慘無人道的暴行，而爲一般人耳目所未見聞到的不知還有多少呢！

四　敵人魔手下的中國海關

全面抗戰爆發以後，敵人對于中國關稅主權的侵害已從大規模的走私轉變到直接的攘奪。天津海關首當其衝，從九月份起已入敵人的掌握。稅收用稅務司梅維亮的名義，存入橫濱正金銀行，除償付外債賠款以外，海關不得自由動用，而在最近的將來，海關對于上項存款的提取，在數量上也有限制。所以三個月以來，從天津海關匯解到總稅務司公著的稅款，只有二十萬元。進口稅則由僞維持會通告修改，其中糖類麵粉等七種物品的稅率降到和冀東僞組織稅則差不多的水平。這種破壞中外商約的舉動，已經引起美國的抗議。天津的關員，因爲沒有奉到撤退的命令，仍在敵人與漢奸威脅之下，繼續掙扎。最近雖有關員十八連環保的傳說，但未能證實，無論如何，他們的行動自由，確實是大受限制。

上海海關的收入，佔全國的關稅總收入的半數以上，它自然也逃不掉天津海關的命運。八一三以後。海關的日籍職員紛紛托病請假，日本的報關行全部關門大吉。素以恐日病者著名的海關洋員也慨然以海關八十年的罰款積蓄約五百萬元購救國公債。這的確是破天荒的創舉。可是戰事的中心一離開上海後，敵人卽公開宣言在佔領區域以內，不許有中國政府機關的存在，海關雖有外債與洋員的關係，也不能列爲例外。果然上月十五日敵海軍以武力刼奪九艘駐在上海的海關巡船，其中最大的福星並裝有四艘放射魚雷的快艇。二十日又刼去卅餘艘屬于江海關各部門的差船並俘虜輪上的水手與火夫。據乘隙逃回的水手報告，它們每天在敵人鞭撻之下，做準漢奸的搬運工作，敵人監視極嚴，連大小便都不許自由。次日，江海關稅務司羅福德乘着碩果僅存的鏡蓉差輪，扯起海關的旗子（黃地，黑邊，中有黑×）拜訪日海軍當局，交涉釋放被劫各船隻並開放楊樹浦和浦東碼頭。結果它不但是撲了一鼻子的灰，而且帶回對方嚴重的要求，即日人必須監視海關各部分的要求。第三天，鏡蓉差輪的海關旗子已經換上敵人的旗幟。於是海關的管理範圍僅限于金利源，太古與新關三碼頭。

經過幾度的磋商，雙方同意調來大批的日本關員，分據江海關的要津，作為日人監視海關的一種方式。其中已經發表的有總務課稅務司（管理各部門的職員），上海區會計主任，與額外總監察長（管理外勤全部人員），已經內定的有額外超等總估驗員與額外驗貨視察員。最近濟南輪船又從天津載來三十多人的日本稽查員，至此敵人在江海關的統治網已經逐步完成。重要華籍職員雖然沒有更動，但決不能有所作為。例如中央信託局委託各洋員代報的七八批貨物，曾經某高級華員批准免驗放行，外灘總監察長（挪威人）竟然在日人暗示之下，加以扣留。此外免稅進口的米穀與一切輪出外洋貨物的報單，必須經洋員的察核，以防中國軍糧的輸入與政府在滬存貨的起運。從這一點看來，目前江海關不容否認的盡了一部分漢奸的任務。

關于稅收，據關係方面透露的消息，日方要求存款正金銀行，由該銀行匯解東京，將來外債賠款均由日方代付，中國海關當局堅決反對，而決議用總務司或江海關稅務司名義存放第三國銀行，除賠款外債照常支付外，關餘暫不動用。最可能的解決辦法當不出天津海關的途經。

總而言之，天津與上海海關已經一步一步走上傀儡組織的道路，儘管海關當局苦心孤詣，委曲求全，敵人必然得寸進尺，直到正式接收為止。

× × × ×

日本准許外人進入蘇州河以北區域之行動，已使上海海關之問題趨於嚴重化。因虹口方面已有大批日貨運入，殊為明顯。日人目前之目的，顯在將此批無稅進口之貨物，運出虹口，此在消費者方面，當然極為歡迎；但在進有完納關稅貨物之商人，當然必將遭受極大之打擊。

據前日大阪電稱：日本現將運華之貨物，計有三類：（一）爲軍火及陸海軍人用品，與附有日陸海軍當局證書之貨物；（二）爲在華日僑日常應用品及建築之材料；（三）爲其他一般商品。前二類可以免稅入口，後一類每包價值若超過二百日圓則必須附有駐日中國領事之價目清單，以其中或有須徵進口稅者故也。

觀於此一電文，其措詞不無含混可疑之處，唯毫無可疑者，即不論日人完納進口關稅與否，必不欲如其他外人同受中國海關之徵稅也。目前之虹口，完全在日本勢力之統治下，無論若何開放，楊樹浦一帶之碼頭，當不容海關官員執行其職權殊爲明顯。此項辦法之前途雖不可知，但對於中國之海關，當然有極大影響。至少在目前，日貨儘可免稅運入其勢力所達之區城，至照常國海在中關完納進口稅之他國貨物，除能免稅輸入日本，再由日本運至虹口，勢必無法與日貨競爭。今上海已逐漸恢復常態，日本航業亦準備加開上海長江各班，大阪電文，雖謂免稅入口之貨物有相當限制，但大體上可謂皆將免稅。海關方面，是否行將沿租界四週設立關卡，補徵關稅，雖不可知，但卽有此項行動，亦未必能發生多大之效力。故日貨擁入租界，勢所必至，故長此以往，恐外人商店亦將被迫改售無稅之日貨也。

日人上項辦法，或為其應付目前之過渡辦法，事實上未必能延續長久。但日人另有一種冀圖，卽在將其已行於天津方面者，移植於上海。依照天津辦法，關稅收入必須存入橫濱正金銀行，日人對於外債雖允償付，但事實上並未有所行動；故殊為外人所不許。以是日人除此辦法外更有一種希望，卽在速組傀儡組織，再由東京加以正式承認，然後將關稅收入歸其掌握。至在此項組織未成立前，則藉武力之掩蔽將日貨作無稅之大批輸入。

我人以為此一重大問題，決非就地所解決者，深信歐美利害有關之國家，遲早必將出而抗議也。

五　郵局現狀

前幾天，日軍發言人宣稱要接收政府在滬的交通機關，接着電報局就遭了魔手，太陽旗遂臨風招展於電報局的屋頂。我們那時都以為接收郵局——另一個重要的交通機關——是卽將隨着演出的，並且事實上確已有這一個接收的謠傳，可是直到現在，郵局的行政權尙完整無損，郵局的員工仍依舊辦公，這是什麼緣故呢？記者爲欲解此疑團，特向郵局高級職員多方探聽，方知此事梗概：原來上海郵局的外籍郵務長事前曾和日軍司令部有過接洽，如無意外事件發生，郵局大約在名義上不會被接收的。據說當時郵務長向日軍解釋三點：

（一）郵局爲民衆之通訊機關，如被日軍接收，內地各郵局勢必和上海郵局斷絕事業上之聯絡，如此上海將成爲和外間不通音信之孤島。（二）各國僑民必將恢復民國二十三年以前之狀態，另立郵遞機關，如此則中國郵權之統一固爲破壞，而在日軍方面亦無利益可言。（三）郵政在目前爲賠錢機關，日軍在接收之後毫無經濟上之價值。并聞雙方已成立口頭諒解。日方答應：（一）不接收郵局，但須派員監督行政及實施郵件檢查。（二）日方所佔領之區域內得按照當地情形命郵局恢復分局。（三）上海總局當限期全部遷入北四川路原址辦公。（四）郵局員工不得有反日行動。此項消息有待於將來之事實證明，但以最近郵局之不被接收及總局卽將遷回這兩件事看來，就大有可信的地方了。

我們對外籍郵務長維持郵務及員工生活的苦心，固然表深切的同情。但是一個獨立國家的郵政受敵軍的監督和檢查，我們是要堅決反對的。

「覆巢之下，安有完卵」，在國難未解除的今日，要想苟且偷安是決然不可能的，除非有意無意地去做喪盡廉恥的漢奸。我們希望有革命歷史的郵工弗囿於一時和一己的利害而忘了抗敵救亡的重任。

不過這唯一的中華交通機關雖能安然無恙的存在，可是上海與內地間的陸路的交通斷絕了，現在這「孤島」相似的上海，僅有幾條水路，聯繫着內地的交通，但消息的阻隔，已使我們感到過分的不便，現在和內地互通消息的關鍵，只有仰仗着郵政的暢通。

現在所有的郵件，凡是寄往非戰區的，郵局總是盡可能的力量，照常收遞的。蘇嘉各地的信，自然已無法寄送了，所有以前的信都按發信人的地址送回。至于徐州等地的信件，現在也還收，雖然不能投送，但均暫時保留在當地附近的郵局裏，希望收信人自去認領。

到內地的信件，現在由兩線轉運，一線是由香港轉粵漢路，一線是由金華轉浙贛路至南昌等地，西安和豫晉各地的信件，也要由漢口轉。

郵遞信件的時間，並不很遲，譬如到漢口和長江沿岸的信件，也不過七八天就可以寄到。

至於華北平津一帶的信件，和包裹的寄遞，現在也很暢通，到東北的信件，仍由天津轉。

包裹寄遞，現在長江沿岸各地已經停止，其他內地和華南汕頭廣州等處，則依然收寄。

航空信，現在到內地的是由香港轉，到漢口也不過只有五天工夫，並不很慢。

南市，閘北，和浦東，曾謠傳着郵局將恢復投寄信件的消息，郵局方面否認這件事。

不過虹口方面，現在還有一個分局設在有恆路，由幾個華人負責，所有信件呢，則大多是日人的，由日人自己到郵局去取，外僑的信件，可以說沒有。各地寄給虹口方面華人的信件，則一律由八仙橋郵局暫存招領。

寄往國外的信件，始終沒有停止，就是寄到日本去的信，到現在止由郵局每次派小艇送到匯山碼頭，由大連丸長崎丸等日本郵船轉遞日本——因為中日國交還沒有宣告斷絕。

六　淪亡中的上海新聞界

上海向來操持全國與新聞事業的權威。中國第一大都市的上海，是新聞事業的大本營，是國際和國內消息的交易所。銷行最大的第一流報紙都在上海。一個地方的言論新聞影響全國的是上海。有鉅大的廣告收入，可以完全站在營業立場經營報紙也只有上海。

但是現在這新聞事業中心的上海淪陷了。上海淪陷中受壓迫摧殘最悲慘的也便是新聞事業和新聞界。

上海的新聞事業在最近九年來，是完全在政府統制之下的。通信社事業完全集中於中央通信社，許多小的通信社早已不能立足。連外國通信社除敵人的宣傳機關同盟社之外，也都由中央社代爲發稿。因中央社事業的澎大，上海各報的專電和特約通信，逐漸成爲不足重視。因此中央社一經停頓，上海各報新聞來源，幾乎就會完全斷絕。除此以外，上海中國報紙向來是經嚴密檢查的。新聞要受檢查，言論要受檢查，專電更要通過電局的檢查。

因爲新聞事業受過分嚴密的統制，所以上海淪陷之後，政府機關不能運用權力，中國人經營的報紙，一點自衛的能力都沒有。除掉逐漸變成漢奸報之外，只有關門大吉。

國軍撤退後，敵人第一件事就是壓迫租界當局，封閉中央通信社。中央社上海分社在大陸商場所設的無線電台，就被捕房強迫撤毀。以後各報有無線電機的只好自行收電，沒有無線電機的，根本得不到中國方面一切軍政消息。上海中國報紙對於戰事沒有正確的記載，這是一個最重要的原因。至於路透社哈瓦斯兩家外國通信社，現在則已脫離中央社而直接向報館發稿。

敵人摧殘中國新聞事業的第二步，就是接收中國政府新聞檢查所。檢查所接收以後，敵人知道一開頭就由日方檢查新聞，各報紙一律停刊，反於他不利。因此敵人取漸進政策。首先由日本檢查處通知各報送報二份。日報公會當時議決置之不理，但後來幾家大報逐漸軟化，暗中託派報人每天送兩分報去。後來日本新聞檢查處特務員金子，大發請帖，請各報經理主筆。大多數中國報紙都沒有人去。可是申報，新聞報，時報這三家報紙都應邀而去。申報經理馬蔭良，新聞報經理汪伯奇竟親自出馬。他們以爲藉此給日本人一個面子，可以敷衍了事。其實日本人決不是如此容易敷衍的。日本人所希望的是中國報界去投順他，這目的已達到一部分了。想不到幾家大報經理，竟這樣不顧國家民族的體面。

上海淪陷以後報紙變動的情形大約如下：

辛報因某種關係，自動最先停刊，立報爲主張抗戰最堅決的報紙，敵人自然第一個開刀。所以於國軍撤退後不上一星期，就被迫停刊。救亡日報則比立報前一天停刊，準備遷移廣州出版。

接着立報之後停刊的，有時事新報，中華日報，神州日報，民報等四家，這在平時都和政府要人有關係的，所以經工部局「勸告」以後被迫停刊。向來比較取嚴正立場的申報和大公報，於接到日本新聞檢查所通告，從十二月十五日開始檢查新聞之日起，也便自動宣告停刊。

現在早報中間，還能苟延殘喘的，只有「新聞報」「時報」。「時報」實際上已降爲小報，沒有大影響。「新聞報」據說已請從前的老板，素來反對國民政府的意國人福開森，出面繼續經營。日前該報竟用大字標題登載「蔣委員長下野」的揑造消息，有意爲敵方宣傳。大概該報已準備奸投順。

在上海戰時，新出晚報種類甚多，但到最近，已只剩大晚，大美，華美，社會，新聞，五種，大晚態度已大變。大美，華美由外人出面，態度比較中立。現大美華美各增出早刊，大美編制摹仿立報，但沒有社論及附刊，是很可惜的。

小報中社會日報照常出版。最近新出的有力報，建報，晨報，國際日報等幾種，各小型報的態度却不甚明瞭。

英文大陸報本來是中國最大津貼的報紙，但是近來言論，新聞，態度驟變，還不及美人所經營的英文大美晚報來得強硬，這是很可怪異的。

報界情形衰落到這般田地，上海自不免受重大打擊。因爲在報紙上已看不到正確的消息，至於正確的言論，是更加缺乏了。因此最近一般讀者，都不願看中國報，看了也不相信。而各種謠言，卻因此得以到處散播。

另一方面，上海到底是中國的上海，至少從文化上說。報界雖然也有極少數敗類，已開始做漢奸活動。但是百分之九十以上，是愛國的，是不願做亡國奴的。日本軍隊佔領上海之後，只能壓迫摧殘固有的中國新聞事業，而不能設法麻醉上海市民。連漢奸報「新申報」也始終不敢公開發行。而近來許多祕密的半公開的抗日刊物，却風起雲湧。從這裏可見中國人心不死。希望幾家辦報的當局，顧全國家體面，勿隨便投降出賣。更希望報界從業員，尤其是青年新聞記者，担當起指導輿論的重責，在困苦環境中，努力奮鬥。儘最大可能，作反日宣傳。如不能公開，便用祕密方式發行。如不能文字發表，便用口頭宣傳也好。多多出版壁報，多多用油印發表正確言論消息，這是在目前環境中間最値得做的事。

七　掙扎在敵人刺刀下的十餘萬難胞

十一月十一日南市城廂北部的所謂難民安全區，終于不能安全，轉成了恐怖區，轉成了活地獄了！

南市吃緊之後，難民區裏就沒人管理，沒有米糧，沒有水，也沒有電火，因此難民又重復流散了，城廂南部旣成了戰區，難民也只有往北奔逃，集齊在民國路上。十一月十日夜起敵人開始總攻南市，通法租界的鐵門就關閉了；但是這些門終還是萬千難民的「生路」，所以他們不能不留在那兒等着，等着。

南市北部原先沒有多少居民，但是難民區成立後，收容了大批浦東難民，本來避居租界的難民也移了一部分過去（護國寺等收容所的難民就移住在小世界裏），所以難民的數目是特別衆多了。

民國路上昨天已密集了難民，加上從租界往南市搬東西的人們，集合成十萬以上的人羣，這兒大多還是老弱婦孺，他們進退無路，已經坐守兩夜了。兩夜來，飢餓使他們發狂，危險使他們憂傷，他們日夜在躑躅蹀躞，啼叫呼號，正像一羣待宰的羔羊，身處租界的人們雖然有高踞隣近南市路口的沙包在開眺的，但也有一部份人衷心惋惜，買了大餅，麵包，光餅在鐵門口去散發的。散發的情景又是悲慘的一幕，千萬個人擠在一起，爭奪廝打就爲了一些微的食物，這中間好多人傷害了，老弱的婦孺還是搶不到，粥少僧多，這接濟的功效實在也太小了。

作者在新北門外曾親見一個貧婦的懷抱的孩子死去，她哭泣不止，最後還是由旁人把死孩抱了去。其實，同樣的悲劇在民國路上是重複地在演出；而且南市敵機整天在亂炸，敵艦也不時在轟擊，很多民房已在焚燒，使整個南市籠罩在烽火裏，流彈也傷害了很多難民，這場面也太悲慘了，下午二點多鐘，西門方面突然傳說「東洋鬼子來了」，因此萬千難民就往東奔逃，萬頭攢動，人羣成了條滾滾的濁流，喊救求援的呼號，鬧成一片，但是「上天無門，入地無路」，往東還不是絕路一條？一部份人終于急得突破四明公所圍牆，爬進了租界，但那是少數中的少數。到晚上，難民越來越多，十多萬人還是騷動在民國路上，天夜了，黑暗中只聽見一片的呼號聲。

南市難民區十二日還是難民蟻集，自來水雖然接通了，但一般情形仍在極度混亂狀態中，而敵軍在下午終於侵入了難民區，使十多萬難民的安全，遭受了絕大的威脅！

在這裏，作者不能不再把一天悽慘的情景，向讀者報道。

十二日晨的情形已比十一日晨嚴重一層，三天的絕食露宿，使原先奔波動亂的難民們也萎頓了，無數老弱婦孺自然更受苦了，這裏作者眼見的難民，簡直使我不信是以前安居樂業的平民，像是已遭受了三年徒刑的囚犯。那麼這怨獄又是誰促成的，不消說，是我們的民族敵人！

作者身旁，正有一位年邁龍鍾的婦人在鐵門邊號哭，她唯一依靠的孫子被困在南市了，此刻連人影也找不見，是死了，還是雜在人羣裏，誰也不知道。老婦人終於哭倒在門邊，路旁很多人下淚；誰無子女，誰沒骨肉，這遭遇又怎令人不悲痛？怎令人不憤恨？

沿民國路法租界居戶和各慈善團體昨天都購製大批光餅饅頭等，設法送入難民區分發，使嗷嗷待哺的難民羣得到些僅有的果腹東西，但是哀鴻遍街，那能夠普遍救濟得了。

南市南部整天還在焚燒，這狂火又吞噬了無數人的居屋，他們是回不去了。

十二時廿五分新北門障川街突然由城內穿出敵兵卅多名，將沙包佔據插上太陽旗幟，用槍刺將四圍難民驅散，這時整條民國路的難民是受驚」，墜進恐怖的深淵裏，畏縮到路旁去，聲息全絕，他們原本是「待宰的羔羊」，如今又成了鐵蹄下的囚民了。

敵兵隨着就列隊在沙包面前太陽旗下，攝了幾幅影，一面也對難民羣拍照，躊躇滿志，很得意的樣子。

一點一刻敵兵分成幾隊，由班長率領，東向佔據新開河沙包，西向又搶佔了老北門的工事。

二時廿分，新北門又穿出小型坦克車二輛，向西循民國路巡行了一週，機聲軋軋，輪齒也把我們的路面咬破了；步兵十四名也隨車遊行示威，馬路兩旁我們非武裝的平民都呆住了。

二點半，三個工友模樣的青年在潘家街口被抄，檢查了好久，此後就下落不明；街頭壁上一部分標語也被撕了去。

二點五十分，天忽然降大雨，難民于是四散奔避，有的就用蓆子遮住了頭，十萬人羣，這時就在風風雨雨中困守着，這情景委實是悽絕人寰！作者附近只聽得一片呻吟聲，是孩子們的哭泣，是婦女們的嘆息，這聲調是低沉而悽哀，是人們不忍卒聽的。

之後雨繼續不斷吹打着，民國路上的十萬難民是僵死了似的，僅有的活動者是敵人的往來穿梭。夜來，雨仍不止，十萬難胞他們是到生死絕續的最後關頭了！

但是難道我們就眼看十萬難胞，永遠被困圍在敵人鐵蹄之下做奴隸了嗎？我們要想法使他們脫險才對呀！

八 孤島上

一個世界有名的大都市，那裏還聚居着約莫三百萬人口。它的四週，一片瓦礫，遍地伏屍。斷瓦殘垣中，日夜不熄的有野火延燒；街頭巷角，不時發現殺人流血之事。在這大都市的中心，因爲有些性質較爲複雜的政治組織，所以在不測的威脅中成爲性質較爲複雜的安全區域。這約莫三百萬人口，大部皆聚居在這個中心裏。這地方原是一個水陸交通的要衝，但是水路全被封鎖，陸上的鐵道公路也全隔斷，又因爲一種特殊勢力逐漸澎脹，人們的食衣住行以及生命的安全皆成了問題。這地方整個的被死滅的空氣包圍着，人們要食，儘管有錢買不着米吃。米店一家家皆緊閉着大門，偶爾有一兩家敞開一個小窗口，便有千百人擁擠着去買米，甚至擠了一天所買到的不足一家兩天活命。青菜貴過珍饈，還廉價的維他命，已要與這裏的人們絕緣了。雖然大火燒掉千萬人的家，熊熊的火焰仍擁抱着這地方，但人們所需要的燃料，却艱難萬分。

「米珠薪桂」，是一句老話，在今日的這地方却完全兌現了。這裏的人們，絕大多數已失掉國家的保護。貧窮的雖幸留一條命，過了今天不知道明天；富有的也是憂悍苦悶，感到朝不保夕的威脅。在摩天高樓下輾轉躑躅着面蒙菜色的難民，同時娛樂場所也在喘吸着活動，歌台上交響着琴韻喉聲，愁紅慘綠的燈光下還跳躍着擁抱的男女。這些人，或者生命懸於俄頃，或者靈魂飛出軀外，其憂惶苦悶却是一致的。這地方，與外間失了一切聯絡，人們的事業陷於絕境，人們的生命失掉保障。這是一個孤島，一個被死滅包圍着的孤島。這孤島便是現在的上海。

上海是中國的第一個大都市，這地方儼如中國的一個心房，一切動脈的血液都經過這裏，再流注到全身。在平時，這裏的經濟跳動，政治傾向，都會波及全國。現今在戰爭中，與全國失去聯絡，形成一個孤島。人們的苦難，國家的損失，當然都是很大的；但這運命却是不可避免的。我們爲了民族的解放，國家的復興，只有勇敢的接受這苦難的命運。留居在這孤島上的人們！我們應該艱苦度日，硬朗做人，保持靈魂勿失，掙扎國家復興！我們在這時應該懺悔旣往，策勵將來。過去的腐霉生活此時都要割掉，今後的艱苦命運此時業已開始。現在我們應該儘力做同胞互助的工作，救濟無告的難民，以贖自己的罪孽。現在我們應該儘力做友朋砥礪的功夫，謹防靈魂的墮落，以保國家的正氣。近來我常發生一種感慨，以爲—國可亡，士可失；但不可無人。國亡了能復興，士缺了能復整；但是人若打了折扣便難說了。中華民族活了五千年，什麼大風波沒經過？什麼大災難沒受過？但仍能屹然存在於大壤之間者，就因爲有堅貞不撓的人格在。南宋亡國時有文天祥的正氣不屈，所以朱元璋能起來打倒蒙古，復興祖業；晚明亡國時有史可法的熱血傾灑，所以孫中山能起來逐走滿清，創造民國。現在我們民族國家又遭逢嚴重命運，我們不怕「日蹙國百里」，却深恐中國人在這時打了折扣。譬如平津的失陷，可說是歷史過程中所不可避免的；但是江朝宗等醜類的跳躍却給中國人洩了氣。最近聽北方來人說，散原老人（陳三立先生）於北平失陷後絕食五十日而死。這一位八十老翁眞正的中國人！我們聽見了這一件事，又是感泣，又是興奮。感泣他老先生的大節，興奮我們中國還有人！

上海是已淪陷了，它的四週曾灑遍了我們將士的熱血，還暴露着我們將士的忠骸；但要問這孤島上是否還有中國人？存留在這孤島上的中國人們！我們要保持住每個人的聖潔的靈魂，貢獻給我們在復興途中的國家！

九　燃料恐慌

上海的市民，日常所用的燃料，以煤球為主，木柴，木炭次之。柴炭大半由浙省溫台等處運來。中日軍隊在上海正式接觸後，為了交通的不便，柴炭的來源便告缺少，等到中國軍隊退出上海之後，來源竟完全斷絕，市上存貨又不多，所以多數煤炭店內，柴炭越賣越少，甚至枯竭。在這種情形下，柴炭的售價便一漲再漲，單就木炭說，戰前小簍祗售四角，大簍九角，現在小簍售元半大簍要三元，竟漲了三倍。

木柴除了溫台州之外，上海的四鄉本來也有運來，但租界成了孤島之後，木柴的來源也告斷絕了。戰前一元可買一百二十斤，現在祗有三四十斤，漲風不可謂不厲害。在木柴枯竭的情形下，連得竹頭木屑，也成奇貨可居，那些江北同鄉，把家裏所有的木板，樹條，劈成碎塊，放在小菜場上，十個銅元一捆，秤秤不到一斤，甚至橘子桶，肥皂箱，桂元桶等等，也有人出了重價收買，劈碎了當柴片賣，冀可從中取利。更有人冒了險到浦東去，搬取火燒房子和火燒船的木料，到租界上來買好價錢。

煤球自從戰事發生後，爲了中華，南方等各大煤球廠都在南市，閘北不能出貨，中國軍隊退出上海後，更不必說。加着河南白煤，和烟台煤的來源也告斷絕，於是製造煤球的原料，也一天枯竭一天，而煤球的售價，便高漲不已，戰前每噸不到二十元，戰後已漲至五十元，零售戰前每擔一元，戰後竟漲到三元，市上的煤炭店，爲了標明三元一擔，不容易招徠主顧，便異想天開，把籮子一再改小，名曰一擔，實在祇有六十市斤，所以雖是每擔祇售一元九角，實際一百市斤要賣三元，至於那些小販，挑了煤球在里弄中向人兜攬的，籮頭還要來得小呢！

在煤球感到極度缺少的聲中，租界上面的小規模煤球廠便粗製濫造，攙雜了好多的泥沙，所以出了大價鈿，買來的煤球還是燒不着。現在南市閘北的幾家煤球廠，已在租界上面找到相當空地，臨時設廠製造，但因陋就簡，產量不多，加着煤屑的來源又是很少，所以煤球的供應還是不足，而售價方面一時也不能低減，一百市斤最低要賣二元八九角，比較戰前也高漲了三倍。

由此可知租界住民的燃料問題還沒有脫離恐慌時期，像記者這樣一個小家庭，戰前所需的煤球，連同引火柴每月不到二元，現在竟超過五元以上，燃料的飛漲，影響市民生計，較之食米爲甚，即此可見一斑。

十 變相的城隍廟

含有古代風味的東方式大商場——城隍廟，是從前上海熱鬧處所之一，自我軍退出南市後，那裏已沒有仕女如雲，客商麕集的盛況，祇能看到難民滿街，啼飢號寒的慘況，世事滄桑，令人有不勝今昔之感。

現在砲聲已遠離了上海，租界中的空氣日趨和緩，從前繁榮南市的主要因素大小攤販，爲了維持生活，不得不移地營業，于是漸漸集合在法租界公館馬路八仙橋一帶，無形中，那裏成了變相的「城隍廟」。假使你到那裏去巡視一番，你一定也會有這樣的感覺。

新「城隍廟」的中心區域，是在敏體尼蔭路和公館馬路的交叉口附近，自黃金大戲院門口起，南至南陽橋，北至大世界，西至八仙橋，東至西新橋。

公館馬路兩旁，本來有的是百貨商店，但是大部份都因爲市面不振而停業了，在那貼着「暫停營業」紙條的門板前面，就是大小攤販們的交易的場所，襪子，毛巾，絨線衫，……以及一切日用的雜物，無所不有，排列成陣，小販們啞着喉嚨，拚命叫賣，三角啊！兩角啊！以至于幾個銅板！總之，價值都不十分大，很少有超出一元，因爲這些攤販都是小本經營者，沒有販賣高價貨物的力量。

東瞧瞧，西望望，在馬路上的閒蹓的各色人等，數目確乎不比昔日城隍廟的遊客少，但各貨攤前雖然環繞着幾層看客但成交的生意却稀少得很，小販們沒有一個不是愁眉苦臉地躭心着他們當日的生活費。

除掉了日用品以外，還有不少賣吃食的，都是些三個銅板或兩個銅板一塊的糕餅。小販們爭奇鬥勝地作成了種種不同的糕點叫賣，希望能得到較好的收入，但是三兩個銅板的一筆生意，最多每天也不過賺到塊把錢，而家裏連大帶小却有十幾口人呢！

南陽橋北面，有不少賣舊衣服和舊貨的攤子看的人依然是那樣擁擠，但生意也清淡得很，比較起來，還是舊衫褲交易多一點。

八仙橋附近攤頭，大半是賣五金的，賣水果的，賣玩具的，其中價錢雖然格外「克己」但仍舊乏人問津。

幾位由南市遷得來的「預言家」，也都在這裏營業了，攔阻着行人，自稱指示「吉，凶，禍，福，」滿口術語，滔滔不絕，目的也不過想賺幾個錢來吃飯。可是在一般人吃飯都成問題的今日，誰還顧得着「吉，凶，禍，福」！而去問卜呢！

一根電線木桿下面，坐着一個小孩子，大概僅僅一歲上下，正在嗷嗷待哺，但身旁幷沒有家屬，祇放着一封求告善士收養的信，這無疑是戰事中的犧牲者了。

新「城隍廟」表面上確乎十分熱鬧，但是失所的南市攤販們雖然找到了市場，至於營業的前途，却依舊黯淡得很啊！

十一　凄凉的歲暮街頭

幾天的寒風冷雨，把民國廿六年送走了，眞所謂「歲暮年年有，今年大不同」，恐怕自上海有史以來，這樣凄涼的除夕是從來沒有見過的，否則在這歲尾的時節，雖是在不景氣的年頭，也像受了偶然的刺激，行人的擠軋，商市的繁榮，隨處可以看出都市中巳呈現了新年的氣象，市民預備過一個快樂的新年了。然而今年呢？眞是稀有的例外，在艱苦的環境之中送禮，宴客，娛樂，一切都不在市民的心上，祇是欲哭無淚，不覺什麼新年的來臨，結果便影響到全個租界的商業，雖是要過年了，但還是和平常一樣的蕭條，這一切的一切，祇要我們在馬路上走過，是到處可以看出的。

先就南京路上說，別的馬路上面雖是或許因南市閘北一部分商店搬到租界上來營業，門面是多租掉一些，但南京路上空關着的店面，今年顯然又比去年多了一些，冬至大減價，歲暮大價減的旗幟，雖是和往年一樣，在冷雨中隨着寒風飄盪，但顧客是稀少得可憐。就是四大公司，在這歲尾年頭，照例把糖菓，玩具，賀年片，以及走馬燈，盆景，熱帶魚等等，放滿在店堂裏面，但看的多，買的少，誰也沒有多餘的錢來買這些不必要的東西。一部分的商店，櫥窗直到現在還是用木板釘着，你打行人道上走過，除了乞丐之外，到處還有難民在羞人答答地跟着討錢。那條四馬路，近望平街的一段，本來全是書店和雜誌公司；而今呢，有幾家早已停業，鐵門是緊緊的拉上了，有幾家雖是勉強的開着，但也掛出了拍賣舊書和賤賣舊雜誌的牌子，好像出賣存貨是主要的營業，新書和新出版的雜誌在這孤島上是絕跡了。河南路這一條文化之街，商務印書館和中華書局的橱窗裏面，也沒有一些歲暮年終的應時點綴，幾家小書店裏月份牌，日歷，賀年片，雖是照樣陳列着，但買客呢，竟難得有走上去。

公共租界是如此，法租界也是如此，霞飛路上，那些華麗的商店，冬至的點綴，像耶誕樹和減價的旗幟等等，雖然沒有拆去，但購買新年用品的，中國人不必說，就是外國人也要比去年少得多。全個租界上面，除了少數的食物店和出售必需品的商店之外，大多數是虧本的，爲的是「八一三」後，已整整的四個半月在停業的狀態中，這裏面更有好多商店馬上要維持不下關門了。每一條馬路上面，走過的人雖是不少，但大半是難民和失業羣衆，身上分文無有，就是要過年，也無力買 耗費的東西，這樣的一個歲暮，情形是不無相當的悽慘吧？

魔手下的上海

民國二十七年一月十日初版

實價國幣・壹角二分

編著者　星人

發行者　救亡出版社

特約經售　香港大公書局（皇后大道中市）

代售處　全國各大書局

版權所有・翻印必究

史諾近著　實價一角二分
中國的紅區

中華民國二十七年四月

東戰場京滬戰役的檢討

軍事委員會軍官訓練團印

顧司令長官對軍官團將官班講話

東戰場京滬戰役的檢討

諸位官長，今天有機會與諸位共聚一堂，來檢討京滬戰役的抗戰經過和教訓，感到十分榮幸和愉快；本席于上海戰事發動不久，在八月二十四日，就奉令到南翔前方担任指揮，直到守備首都爲止，均係親歷其境；現即以此方面作戰情形做檢討的基礎，將本人所有的觀感，直率的貢獻與諸位，做今後改進的參考材料。

自蘆溝橋事變，以至今日，已九閱月了；倭寇積極侵略的行爲，激動我民族求生存的情緒，一致堅決抗戰，戰域之廣，北自綏晉冀魯豫，南至江浙皖閩粵，約計一千一百四十四萬餘方里，爲古今中外僅有的廣闊戰區；就兵力論，我敵合計使用，在兩百萬以上；其中尤以淞滬戰役，形成上海附近的爭奪戰，最爲緊張，國軍先後使用，到五十九個師八個獨立旅；此外尚有地方部隊及砲工諸特種部隊，約計七十餘萬。而倭敵在這方面屬使用的兵力，也在二十萬以上，輕重大砲四百餘門，飛機三百餘架，戰車二百餘輛，軍艦百餘艘，戰鬥之壯烈，不亞于一九一四年的世界大戰，而我軍將士在　最高領袖領導之下，爲保衞國家所發揚的奮鬥和犧牲的精神，更足以感天地而泣鬼神。現在將作戰的經過大概，敍述如下：

第一　京滬作戰經過概要

（一）圍攻時期　自去年八月七日敵在滬尋釁於虹橋事件發生後，我軍爲掃蕩上海敵軍根據地，于十二日以八十七八十八師獨立第二十旅及保安總團，展開于眞茹江灣市中心區之線，十四日開始對虹口楊樹浦之敵攻擊。圍攻一星期，雖曾一度進出滙山碼頭，卒因缺乏重砲，未能澈底破毀敵人的築城地帶，結果不能達成預期的目的，深爲缺憾！待至八月二十二日，敵增援軍，以主力于瀏河口，一部于張華浜上陸；我軍以新到的十四六十七九十八三師由嘉定劉行寶山向該敵包圍攻擊，企圖撲滅敵之登陸部隊，發生激烈的戰鬥，雙方損失均大；敵雖以他方面的兵力，轉移于本方面，但祇能維持着上陸點，攻擊仍屢遭挫折，并無進展。而我軍因動員和輸送的遲緩，亦未能迅速集中優勢兵力，乘敵立脚未穩，將其擊破，隨後敵于寶山方面，利用陸海空軍的協助，先後以一師團登陸，担任該方面作戰部隊爲六十一師及滬保安總團各一部及增援的第六師，經數日苦戰，犧牲殆盡，遂以陸續來到的第一第七十八師逐次增援；于平坦開闊地帶敵陸海空軍熾盛火力之下，遂行戰鬥，損傷極大，而我們主動的作戰指導，到這時候——九月初旬——已停頓了。張華浜和羅店方面的敵人，未能擊破，寶山方面的敵人，積極向劉行攻擊前進，其增援軍亦陸續開到，我軍從此轉攻爲守，迫處于被動地位！

（二）防禦時期　至九月十二日，國軍以右翼依托上海租界，亘江灣劉行羅店瀏河之線，佔領陣地，拒止敵軍前進，實行堅強的抵抗。爾後逐次變換陣地于蘊藻浜廣福大場走馬塘，及蘇州河南岸諸陣地，使敵遭遇意外的打擊，和重大的傷亡，而我軍傷亡亦大，部隊數度補充，戰鬥力逐漸降低。至十月下旬，爲挽回頹勢計，曾以生力軍的廣西部隊四個師，由大場陳家行廣福附近轉移攻勢，以期掃蕩蘊藻浜南岸敵軍，經過四天的激烈戰鬥，雖然得到初步的成功，卒以缺少空軍的協助，和砲兵的支援，不能擴張戰果；同時又遭受敵軍猛烈的反擊，這次攻勢，又歸失敗，退守蘇州河南岸；全般的態勢，愈形、利！延至十一月五日，敵以有力部隊，乘我金山衛附近部隊交替防務之際，突由該方面登陸，企圖抄襲松江，青浦安亭截斷京滬滬杭的交通；同時蘇州河南岸陣地，也被敵于劉家宅，吳家厙附近突破；當時感着腹背受敵威脅，又缺少精銳的生力軍可資使用，無法撐持，遂于十一月八日夜開始向嘉興蘇州一帶撤退。

（三）太湖兩側地區之戰鬥　在國軍開始轉進以後，松江于十一月九日即告失陷，楓涇亦相繼為敵佔領；滬杭交通已被遮斷，以致蘇州河南岸的我軍，不得不轉向崐山蘇州方面撤退。數十萬大軍，擁擠在京滬交通一條道路上，加以部隊死傷慘重，補充後素質較差，故紀律與秩序之維持，極為困難，影響到太湖兩側地區的既設國防陣地，未能堅確佔領；即為敵軍擊破！乍平嘉方面陣地寬廣，兵力薄弱，敵沿鐵道猛進，于十七日嘉善嘉興平望諸要點相繼淪落敵手，整個陣線，呈動搖的現像，而北側地區，敵又以有力一部，于滸浦上陸，猛攻常熟，形勢也很危急，遂決心再退守錫澄陣地同時以新到戰場之一百七十，一百七十二兩師，沿吳溧路作戰，負確保吳興之任務，於十一月二十日後，滬杭線部隊向桐鄉長安附近撤退，京滬線附近部隊，向無錫江陰附近撤退。至二十五日，吳興失陷，無錫方面敵人，也逼近城下，部隊的戰鬥力，十分降落，士氣渙散，雖望固守陣地撐持戰局，遂以新到戰場的川軍担任保衛京杭及宣廣長公路的任務，于長興廣德宜興溧陽附近拒止敵之西進，以太湖北側地區之國軍，主力向徽州一部向南京轉進。各部隊的行動，雖能如期完成，而廣德宣城蕪湖的失去，未能對敵實行強烈的戰鬥，予以鉅創，深爲遺憾，爾後即轉入首都的守備時期。

（四）首都守備時期　敵軍越過太湖以西地區後，即以主力向南京急進，一部向宣蕪前進，當時南京的守備部隊，多新自前線陸續抽回，喘息未定，整理未完，即遭受敵人的攻擊（十二月四日，外圍陣地與敵接觸（句容湻化鎮等處）九日即迫近城郊，激戰四晝夜，卒因各部隊新兵過多，戰鬥力脆弱，又兼蕪湖失陷，敵軍偷渡江浦，南京陷于重圍；難望持久；不得已，奉命撤退，以主力突圍，向徽州前進，一部渡江。當部隊開始撤退之際，戰鬥異常激烈，雨花台失守，光華門爲敵人突破，中山門附近，亦被敵砲毀數闕，部隊惹起混亂，城防動搖，各級指揮官，多未能確實掌握部隊，秩序紊亂，又乘渡河器材，事前無充份準備，一切行動，未暇周詳佈置，以致演成潰亂悲慘的現像，這次撤退，實給予我們各級將領一個很大的教訓！

以上是京滬作戰經過的概要，各位很多親身參加的，我們從這次戰役，檢討出下列的成果和教訓。

第二　在政略上所得的價值

這次抗戰是我中華民族，對無故侵略的敵人，在存亡的關鍵上最大奮鬥的一幕；故對外應充分暴露敵人侵略的野心，表現我民族自衛能力與抗戰決心，以期促進國際間的同情和主持正義，對內則喚起國民的自覺和精誠團結，以鞏固抗戰的基礎，在政略上，實有重大的意義。說者以爲我們作戰方針，爲長期抗戰，而敵人戰略，則利在速戰速決；上海附近，敵人增援容易，又能獲得陸海空軍協同作戰的利益，似不應以戰略遷就政略，以强大國軍與敵角逐于上海一隅。殊不知上海爲我國經濟中心，列强商務所在，國際關係錯綜，國民心理上重視，不有激烈的戰事不能給予友邦以深刻的刺激，暴露敵方侵略的罪惡；不有激烈的戰事，不能使國民信賴政府抗戰的决心，鞏固長期抗戰的基礎，四個月抗戰結果，雖然犧牲慘重，而忠勇壯士的熱血，洗清了國際間模糊的觀聽，確定了敵人侵略的罪惡；獲得外交上有利態勢，得到友邦精神和物質上的援助；國內的民衆，亦感到敵人兇殘，亡國之禍，迫在眉睫，非共同團結擁護政府，不能增加抗戰力量，因而促進了內部的團結，建築了長期抗戰的基礎，這都是京滬一帶，苦戰的目的和成果。

第三　在戰略上所得的教訓

(一)內線作戰與外線作戰

上海附近的作戰，因地形和交通網的關係，敵在江海面上保持行動的自由，始終立於外線作戰的地位，敵藉外線的有利態勢，憑着優越的裝備，不論于局部或全般，實行放胆的包圍攻擊，我軍以裝備不完全，又受交通網的限制，未能各個擊破敵人而發揮內線作戰的利益，例如敵由瀏河羅店附近登陸側擊我上海的攻圍軍：又在吳淞寶山附近登陸，夾擊我三官堂陣地；此外劉行大場附近戰鬥，敵常由兩方而包圍夾擊，最後在金山衞登陸，進佔松江青浦，截斷滬杭路，威脅我蘇州河南岸陣地；又在瀏浦上陸，包圍夾擊我嘉定附近部隊，這是敵人運用外線作戰分進合擊的方法，而我軍因缺少有力的戰略控置部隊，失去各個擊破敵人的好機，完全立於被動地位。

（二）中央突破與包圍攻擊在現在的價值

敵軍常集中優勢兵力于一點，對我軍陣地實行中央突破，奏攻後續向兩翼席捲。其慣用的方法如下：

初期

對企圖突破的地區，先以飛機集中轟炸，破壞工事，并擾亂陣地後方，繼以砲兵集中射擊，澈底破壞我陣地。

中期

於飛機砲兵轟擊完畢後，即以戰車掩護步兵開始攻擊前進，此時砲兵延伸彈幕；同時飛機亦在空中盤旋，阻止我後方部隊之增援。

後期

敵戰車突入後，構成突破孔，并向左右席捲，步兵隨後進入，迅即構築工事。

中央突破可發揮物質上的最大威力，以摧毀敵之陣地，惟因兵器及築城的進步，對於正面防禦的强靭性，已大爲增加，故攻者損傷甚大，而其成果，幷不如包圍攻擊的偉大。此次敵在吳淞楊行劉行蘊藻濱蘇州河等地點之戰鬥，正面攻擊多因我軍强靭抵抗而頓挫，犧牲甚鉅，然每行包圍，往往獲得成功。

(三)機動

戰機由于空間時間的交互作用而成，而捕捉戰機，固有賴於指揮官之慧眼，但其實施則繫於軍隊之機動力。欲於所望之時期及所望之地點，運用所要的兵力，則全賴軍隊的機動，此次我軍因機動遲鈍，致失去戰機而潰敗績者頗多。機動力的發揮，固然要交通機關運用敏活，而軍隊的訓練與素質，亦極有關係，這是我們應當十分注意的一件事。反之敵則處處佔着機先，來支配戰局。

(四)翼側依托

在持久的防禦陣地，兩翼或一翼，必須有堅固的依托，方能避免敵人包圍。就上海附近的地形觀察，揚子江與杭州灣構成大三角地帶，揚子江與黃浦江構成小三角地帶；在大三角形以兩側無依托，形成弱點，處處予敵以可乘之隙。敵在瀏河金山衞登陸，國軍戰略上卽陷于不利的態勢；而小三角形內，因一翼依托租界，使敵不敢放肆行動，故能維持至三月之久。

(五)後方連絡線

後方連絡線乃維持作戰活動力之生命線，若受切斷或威脅，往往促成全軍總退却之動機，而國軍對此種感覺性特別的大，因此敵軍常乘我弱點，即以小部隊活動，往往收效。倘我軍對行包圍的敵人出於果敢的行動，排除危險，并不足畏，這點各位以後應特別注意。

（六）第二線兵團即戰略預備隊

戰略預備隊，就積極方面而言，為達成某種目的，擴張戰果；就消極方面而言，為應付緊急情況，挽回全軍厄運。這次我軍，因逐次增加，又陷於動員與輸送的遲鈍，缺少控置戰略預備隊。故在積極方面，未能捕捉好機，在消極方面，亦不能挽回危局，可為以後的殷鑒。

（七）消耗戰

消耗戰的指導要領，在對優勢敵軍，利用火力與工事，逐次消耗敵之戰鬥力，待超過平衡的時候，再以主力與敵決戰。這次會戰，因爲我們的火力與工事，均極薄弱，所以對于消耗戰的要求，不能完滿達成。此點以後國軍在裝備教育上，應講求改進之點。

（八）精神力量與物質力量

拿破崙說：「戰勝的因素，精神佔四分之三，物質佔四分之一。」此言在今日科學發達的時代，仍不失爲統帥上的格言。蓋支配物質者人也，而人者精神寄託之器也，故精神實居戰鬥勝負之主因。東戰場之初期，所以能維持三月之久而不衰者，由於我軍有整然一體之精神。迨蘇州河撤退時，精神衰敗，遂至錫澄及南京附近之既設陣地，均不能堅守。由此可知作戰指導，對於精神力量的保持和提倡，應特爲注意。

第四　在戰術上所得的教訓

(一)縱深配備與預備隊之使用

我軍一般的縱長區分，失之過淺，因此陣地缺乏彈性，一經敵軍突破，即不能利用縱深的據點爲支撐，藉逆襲以挽回危局；又預備隊之使用，一般失之過早，幷缺乏主動和積極的精神。

(二)建制之保持與兵力之使用

保持建制，對於軍隊團結和指揮上，頗爲有利，又兵力以集中使用于所欲決戰方面爲原則。此次各級指揮官均犯分割建制及逐次使用兵力的弊病。

(三)逆襲

防禦之要領，在利用火力與逆襲，以壓倒殲滅敵人；而逆襲最要緊者，即逆襲時機與逆襲方面之決定。關於逆襲時機，一般失之過遲，就實戰經驗，敵在突入我陣地三小時後，工事完成，配備就緒，逆襲往往無功。故我軍應乘敵侵入陣地之頃間，立足未穩，斷然以預備隊施行逆襲，恢復原有的陣地，實爲至要。又逆襲方面，常由正面衝出，致遭敵砲兵及戰車之狙擊而頓挫；今後應以突進敵人之兩側爲逆襲目標。

（四）諸兵種之協同

諸兵種之協同作戰，因平時缺乏之訓練，比之敵軍大有遜色，其中尤以步砲的協同，戰車與步兵的協同，陸空軍的協同，十分欠缺，爲我教育應改良之點。

（五）夜間戰鬥

夜間戰鬥，在本戰役極爲國軍所採用，往往獲到意外之成功；現敵對我之夜襲，極具戒心，往往于日沒後，即將第一線部隊撤退。但夜襲只可期於小部隊之成功，若大部隊則易惹起混亂；依據戰史的教訓，大部隊的夜襲，殊不多見，幷絕少成功。惟以今日空軍之發達，晝間無法運動，故宜利用夜間以行接近敵人，待至拂曉，舉行攻擊，方可減少損害。夜間運動的要領，應特別注意連絡及道路網的偵察與標示，此次我軍的夜間行動，在連絡偵察上，缺點尚多，以敵空軍之優勢及裝備武器之優越，非特別注重夜間敎育不可。

（十八）空軍之威力

空軍爲現代不可缺乏之新兵器，就其精神上之威力說，無論對於參加野戰或轟炸都市，均能發生甚大之效果；就物質上之威力說，則對於野戰工事之破壞力，遠不如砲兵；我軍這次死傷于敵機的人數，不及死傷于敵軍砲火之十分之一，可以證明飛機的功效幷不甚大；而精神上的威力，亦隨部隊訓練的優劣而不同，精練的部隊，殊非全憑卒襲所能動搖。

（七）攻擊點之選定

攻擊點之選定，係在敵之薄弱部份，或最感痛苦的方面；敵軍攻擊點之選定，歸納如左：

1. 兵團結合部——我軍各部隊之連繫及協同，極不確實，結合部份，即爲弱點所在，故敵每以此爲攻擊點；如三官堂附近；楊本橋附近，及蘊藻濱南岸黑大黃宅附近之攻擊，均係我兵團的結合部。

2. 翼側——我軍對於翼側之感受性特大，因此敵軍通常以一部攻我側背。

3. 部隊交代——部隊交代時，往往形成弱點，敵在金山衞之登陸，卽乘我軍交代之時也。

(八)獨斷專行與着眼大局

兵團愈大，各級指揮官獨斷專行之機會愈多，尤以戰擴大，交通通信困難之時爲然；蓋戰場中情況往往不明，指揮官若俟情況十分明瞭時，再行處置，則每失却戰機；故必須着眼大局，考量自己所負責任，本上級指揮官所授之意圖，而作適當之處置。此次敵在金山衞登陸，在附近各部隊，如出於果敢迅速的攻擊行動，則敵之上陸，必因遭遇打擊而遲滯，或竟不能成功，使我軍得有從容撤退的時間。

(九)海岸防禦

以少數之兵力，對長距離之海岸行防禦，若採遊動的後退配備，則易於達成防禦之目的，否則亦應控置強大的預備隊。而此次各部隊之配備，多採直接配備，更設長大的一線陣地，致處處設防，處處皆感薄弱。

(十)河渠湖沼地之作戰

敵軍因受一二八作戰之教訓，鑑于上海附近河渠湖沼地之複雜，乃利用橡皮舟，木筏，小汽艇，水陸兩用戰車，泅水師及架橋等手段，達成戰鬥上之要求；故河川湖沼已不成爲障礙，如乍平嘉吳福線國防陣地內之湖沼地點，因設防未能週密，同時敵軍利用上述戰具侵入間隙，致陣地無可依托，爲敵逐次攻陷。

（十一）作戰地境

作戰地境與戰鬥地境，爲劃分各部隊之責任，每因增援部隊原屬系統之關係，時常變更，致使指揮官對於作戰與戰鬥之指導上，惹起交替和變更的混亂，予敵以可乘之機

（十二）陣地編成

陣地編成，尙沿用舊式之一線陣地，無縱深疏散配置，致缺乏韌性；又兵力配備，亦未能充分形成重點，全線力量，幾致平均，故處處薄弱，對敵之主攻，旣不能守，對敵之薄弱部，亦不能攻，此今後應亟行改革者也。

（十三）警戒與搜索

各部隊對於警戒，極爲懈怠，對於搜索，亦欠確實，致

敵情常不明瞭，因而戰鬥部署，難期適當。須知警戒週密，方能秘密企圖，保部隊之安全；搜索確實，方能判明敵情，爲指導之基礎；倘兩者俱缺，則盲人騎瞎馬，危險孰甚。

第四　我軍之優點

以上所講，大半都說敵軍的優點，和我軍的缺點，其實我軍優點很多，如：

（一）**冒險和犧牲的精神**　在猛烈的敵軍砲火和飛機轟炸之下，整個村莊和陣地，往往全部化爲焦土，而我將士前仆後繼，拚死抵抗，常與陣地共存亡，其冒險與犧牲的精神，實屬難能可貴，即敵方官兵，亦同爲歎服。

（二）忍勞耐苦的精神

在戰鬥緊急之際，前線士兵，常五六日不能得到片刻休息，有時連飯也不能到口，只靠着幾塊乾糧，和戰壕的積水，以充饑渴，此不特爲　軍所不及，即全世界，也少這樣忍勞耐苦的戰士。

（三）精誠團結與服從命令

從後方開到的部隊，往往甫到戰場，喘息未定，就奉命入前線，這些部隊從各方面抽調，有的平時尚少系統，和精神上連繫的關係；但一經奉到命令，無不勇于奉行，并不感到指揮上的困難，這是我們　領袖十年以來精神教育的成果。

（四）不屈服不股降

在全戰役的經過中，被敵人包圍的部隊很多，但絕未發現繳械和投誠的醜劇，大多數作了壯烈的犧牲。根據以上各點，可見我們的士氣，遠在敵軍以上，如能加以精練和適當指揮，制勝敵軍，幷非一件難事。

右述的材料，雖片段系統，但均從四個月的抗戰經驗中得來，介紹諸位，作爲今後研究改良注意之點。此外對於軍隊訓練和軍官學術上的修養，個人還有點意見：

軍隊訓練

我認爲訓練，較之裝備，尤爲重要，不良的裝備，只要部隊精練，還是可以打勝仗；

倘若徒有精良的裝備，而訓練不夠，則兵器的性能，不能發揮，全軍的士氣，不能團結振奮，一遇敵之攻擊，難免棄甲曳兵。在北伐的歷史中，能找到許多的例子。這個道理，很簡單：兵器只是作戰的工具，而訓練才是作戰的技　，技能不良，絕不能運用工具；譬如寫字，會寫的人，壞筆也能寫出好字，而不會寫的人，就有好筆，也寫不出一個好字，打仗也是同樣的道理；現在我們的武器，大多數仰給外國，補充不易，更應當注重訓練，從技術上與敵人爭高低，以補裝備的缺點。

軍官學術上的修養

以前慣用的戰法，在這次抗戰期內，證明完全失敗，因爲我們以前的作戰，只有陸軍，是平面的，現在加上空軍，變爲立體的；而各部隊，對于高空的防衛，常識欠缺，或過于重視恐懼，失去機動力和作戰的效能，或不知分散遮蔽，招無謂的損失。又如以前作戰，不注重工事的構築，或僅作一線的簡單散兵壕，現以砲火進步，不能不講求新的築城法；以前作戰常集結兵力，衝擊敵人，爲唯一的決勝方法，現在則不能不研究乘虛蹈隙的戰法。最近　委員長手令『取勝之道，必須智勇兼全，不僅鬥力，且須鬥智』又謂『用兵不外奇正二字，如欲困敵疲敵與滅敵之法，更應注意用奇兵之道』。以敵裝備的優良，我們特別應從戰法上窮求勝敵的道理　凡此種種，非從學理上修養，和從經驗上體會不可，希望諸位注重以下的修養方法！

(1)多看新的書藉，求原則上的瞭解，和新的知識。

(2)研究敵人戰法的特性和弱點，及抗戰中所得的教訓。

(3)研究新兵器的特性和使用方法。

(4)注重諸兵種連合作戰的方法。

(5)檢查和改正本身的缺點。

從以上各點用功，則學可致用，不涉空泛了。

結論

現在大家叫着長期抗戰的口號，須知長期抗戰是依政略而叫出的名詞，在戰略上，只是持久戰；持久戰的原則，一面在利用空間和時間逐次消耗敵人的力量，一面即培植和增進自己的力量；于有利態勢之下，與敵逐行決戰，以博取最後勝利。我們應如何才能逐次消耗敵人的力量；應如何培植和增進自己的力量；應如何造成有利的態勢；此三點雖于戰爭指導有關，不全屬于作戰方面，但大部份與指揮訓練有密切關係。而指揮訓練的方針，則基于戰術思想而有不同；先要有統一的戰術思想，才能發揮強大的戰鬥力而無遺憾。例如歐戰初期，德國軍人的戰術思想，認包圍爲有利，故于包圍上，收到甚大的成果，現在敵人信賴火力，故于火力運用上特別注重；我們的戰術思想，也有訓練和改進的必要，這就是將官班召集的目的，希望諸位緊緊把握着這短少可貴的光陰，潛心研究，自研究的成果中，發揮出打敗敵人，和復興民族的曙光。